Collection de M. le Docteur Rousset
de Philadelphie

Monnaies Antiques

GRECQUES & ROMAINES

MONNAIES ÉTRANGÈRES EN OR

Vente aux Enchères Publiques

A PARIS, HÔTEL DES COMMISSAIRES-PRISEURS, RUE DROUOT, 9.

SALLE N° 9, AU 1er ÉTAGE

Les Vendredi 24 et samedi 25 Avril 1908

A DEUX HEURES PRÉCISES

EXPOSITION PUBLIQUE UNE HEURE AVANT LA VENTE

COMMISSAIRE-PRISEUR :
Me Émile BOUDIN
14, Rue de la Grange-Batelière

EXPERT :
M. Étienne BOURGEY
7, Rue Drouot

PARIS

Exposition particulière :

Les mardi 21, mercredi 22 et jeudi 23 avril, chez M. Étienne BOURGEY, expert, 7, rue Drouot (Téléphone 274-64).

Exposition publique :

Les 24 et 25 avril, Hôtel des ventes, salle 9 une heure avant la vente.

La vente aura lieu au comptant.

Les acquéreurs paieront dix pour cent en sus des enchères.

L'authenticité des pièces est absolument garantie.

L'exposition mettant les acheteurs à même de juger de l'état des pièces, aucune réclamation ne sera admise aussitôt l'adjudication prononcée.

M. Étienne BOURGEY, 7, rue Drouot, se charge aux conditions habituelles (5 °/₀) des commissions qui lui sont confiées.

L'expert se réserve le droit de diviser ou de réunir les lots.

Les monnaies étrangères en or pourront sur demande être vendues au commencement de la seconde vacation.

MONNAIES GRECQUES

SAMNIUM

1 Corfinum. *Guerre sociale.* ΨΙΝΙΞΤΗΞ. Buste casqué d'Arès à dr. ℞. Quatre chefs prêtant serment sur une truie tenue par un homme agenouillé ; à l'exergue, ·Ↄ·ΗΙΠΝΝΠ·Ↄ. Denier. Arg. TB. Rare.

CAMPANIE

2 Cales. Tête de Pallas à g. ℞. CALENO. Victoire dans un bige à g. Didr. Arg. TB. *Voyez planche* I.

3 Hyria. Tête de Pallas à g., le casque à crinière lauré et orné d'une chouette. ℞. ΑΝΙΟΥ. Taureau androcéphale marchant à dr. Didr. Arg. Très belle pièce. *V. pl.* I.

4 Neapolis. Tête de Parthénope à dr.; derrière, Artémis ; dessous, ΑΡΧ. ℞. ΝΕΟΠΟΛΙΤΩΝ. Taureau androcéphale à dr. couronné par Niké ; dessous, Μ. Didr. Arg. TB. *V. pl.* I.

5 Romano-Campanienne. Tête d'Héraclès imberbe à dr. ℞. ROMANO. La louve à dr. allaitant les jumeaux. Didr. Arg. TB.

CALABRE

6 Tarente. Taras de face sur le dauphin à g., le trident sur l'épaule, élevant la main g., au-dessus, ΤΑΡΑΣ ; derrière, Σ ; dessous, une ligne d'ondes. ℞. Cavalier allant à g., la main dr. élevée, regardant de face ; derrière, Ϝ et un bonnet ; dessous, ..ΕΝΚΡΑΤΗΣ. Didr. Arg. TB. Rare. *V. pl.* I.

7 Taras sur le dauphin à g., le trident sur l'épaule et un bouclier au bras g. ; dans le champ ΦΙ ; au bas, un casque. ℞. Cavalier à dr. frappant de la lance ; dessous, ΔΑΙ. Didr. Arg. TB.

8 Taras sur le dauphin à g., tenant une Victoire et deux hastes, le bouclier au bras g.; derrière, **ΤΑΡΑΣ** ; devant, **ΓΥ** ; dessous, une ligne d'ondes. ℞. Les Dioscures galopant à g.; au-dessus, monogr. **ΦΥ**.; à l'exergue, **ΣΩΔΑΜΟΣ**. Didr. Arg. TB. Rare. *V. pl.* I.

9 Taras sur le dauphin à g., tenant un canthare et une corne d'abondance; derrière, un gouvernail ; dessous, **ΤΑΡΑΣ**. ℞. Cavalier casqué à dr., portant une lance et un bouclier ; dessous, **ͰΗΡΑΚΛΗΤΟΣ**. Didr. Arg. B.

10 Taras sur le dauphin à g., tenant une quenouille ; devant, **ΦΙΛΙΣ** ; derrière, un aigle ; dessous, ligne d'ondes. ℞. Cavalier à dr., frappant de sa lance ; dans le champ, **ΑΠ·ΑΡΙ·Ε**. Didr. Arg. TB. *V. pl.* I.

11 Taras sur le dauphin à g., tenant l'acrostolium ; dessous, **ΤΑΡΑΣ**. ℞. Cavalier galopant à dr., tirant sur les rênes ; dessous, **Ʒ**. Didr. Arg. TB.

12 Taras sur le dauphin à g., tenant un acrostolium et une quenouille ; derrière, **ΑΝΘ** ; dessous, **ΤΑΡΑΣ**. ℞. Cavalier à dr., se couronnant ; dans le champ, **ΣΩ** ; dessous, **ΞΑΛΟ** et chapiteau ionique. Didr. Arg. TB.

13 Taras sur le dauphin à g., tenant un canthare et le trident ; derrière, **Β** ; dessous, **ΤΑΡΑΣ**. ℞. Cavalier à dr. couronnant son cheval ; derrière, **ΕΥ** ; dessous, deux diota. Didr. Arg. TB.

14 Taras sur le dauphin à g., tenant une œnochoé ; au-dessous, **ΤΑΡΑΣ**. ℞. Cavalier nu, les cheveux noués au-dessus de la tête, arrêté à dr. devant un terme ; au-dessous, **ͰΕ**. Didr. Arg. B.

15 Taras sur le dauphin à g., tenant une couronne ; derrière, **ΤΑΡΑΣ** ; dessous, **ΛΥ**. ℞. Cavalier nu, portant un bouclier rond, galopant à g.; derrière, **ΣΙ** ; dessous, **ΦΙΛΟΚΛΗΣ**. Didr. Arg. TB.

16 Taras sur le dauphin à g., tenant un trépied ; derrière, **ΤΑΡΑΣ**; au-dessous, **ϹΑΣ**. ℞. Éphèbe nu, couronnant son cheval ; dans le champ, **ΣΑ** ; au bas, **ΑΡΕΘΩΝ**. Didr. Arg. TB.

17 Taras sur le dauphin à g., tenant une Victoire et un trident ; derrière, monogr. **ΝΕ**. ℞. Cavalier cuirassé galopant à dr., le bras dr. étendu en arrière ; derrière, un monogr.; dessous, **ΚΑΛΛΙΚΡΑΤΗΣ**. Didr. Arg. TB. Rare. *V. pl.* I.

18 Taras sur le dauphin à dr., tenant une flèche et un arc ; derrière, **ΤΑΡΑΣ** ; dessous, **ΔΙ** et éléphant. ℞. Éphèbe à cheval à g.; devant, un athlète couronne le cheval ; derrière, **ΓΥ** ; dessous, **ΑΡΙΣΤΙΠ**. Didr. Arg. Très belle pièce. *V. pl.* I.

19 Tête de femme à g. ℞. Cavalier à dr., couronnant son cheval ; dans le champ, dauphin, **ΤΑ** et **ΦΙ**. Didr. Arg. TB. *V. pl.* I.

20 Éphèbe nu portant une palme et couronnant son cheval à dr., dessous,

ΚΡΙΤΟΣ. ℞. Taras à g. sur le dauphin, portant une Victoire et un trident ; dans le champ, à g. ΕΚ ; à dr. Ι ; à l'exergue ΤΑΡΑΣ. Octobole. Arg. Très belle et très rare. *V. pl.* I.

21 Cavalier cuirassé à dr., portant une palme; dessous, ΣΩΚΑΝΝΑC. ℞. Taras à g. sur le dauphin, portant un canthare et un trident ; derrière lui, un aigle ; à l'exergue, ΤΑΡΑΣ. Octobole. Arg. TB. rare. *V. pl.* I.

LUCANIE

22 Heracleia. Tête de Pallas à dr. avec le casque corinthien à crinière. ℞. ꟷΗΡΑΚΛΕΙΩΝ. Héraclès debout de face, appuyé sur sa massue et se couronnant ; à dr. une longue plante et ΦΙΛΩ ; à g., acrostolium et ꟷΑ. Didr. Arg. TB. *V. pl.* I.

23 Variété sans la plante. Didr. Arg. TB. *V. pl.* I.

24 Métaponte. ΜΕΤΑ à dr. d'un épi en haut relief ; grènetis. ℞. Épi en creux. Statère sur flan réduit. Arg. TB.

25 Tête de Déméter à dr. ornée d'épis et de bijoux ; devant, ΑΛ. ℞. Épi avec feuille à dr. surmontée d'une charrue ; dessous, ΜΑ ; à g., ΜΕΤΑ. Didr. Arg. TB. *V. pl.* I.

26 Tête de Déméter à dr., avec triple pendeloque à l'oreille, et un voile transparent derrière la tête ; devant, ΑΠ. ℞. Épi avec feuille à g., chargée d'une souris ; dessous, Φ ; à dr., ΜΕΤΑ. Didr. Arg. TB. *V. pl.* I.

27 Tête de femme à dr., les cheveux dans le sakkos. ℞. Épi avec feuille à g. ; à dr., ΜΕΤΑ. Didrachme. Arg. B. *V. pl.* I.

28 Tête casquée de Leucippos à dr. ; derrière, une tête de lion ; dessous, un serpent. ℞. Épi, avec feuille à g. surmontée d'une massue ; dessous, ΑΜΙ ; à dr., ΜΕΤΑ. Didr. Arg. Très belle pièce. *V. pl.* I.

29 Sybaris. Taureau à g. sur une base perlée, retournant la tête ; au-dessous, VΜ. Grènetis. ℞. Même taureau incus. Statère. Arg. Extrêmement beau. *V. pl.* II.

30 Thourion. Tête de Pallas à dr., avec le casque athénien lauré. ℞. ΘΟΥΡΙΩΝ. Taureau marchant à dr., la tête basse ; à l'exergue, un poisson. Didr. Arg. TB. *V. pl.* II.

31 Tête de Pallas à dr., le casque orné d'un Scylla étendant le bras g. ℞. ΘΟΥΡΙΩΝ. Taureau cornupète à dr. ; à l'exergue, un poisson. Didr. Arg. Très beau. *V. pl.* II.

32 Variété avec ΝΥΣΙ au-dessus du taureau. Didrachme. Arg. TB. *V. pl.* II.

33 Tête de Pallas à dr., le casque orné d'un hippocampe. ℞. ΘΟΥΡΙΩΝ. Même taureau ; dessous, un poisson. Diobole. Arg. TB.

34 Velia. Tête de Pallas à g. avec le casque ailé ; dans le champ, Φ.K. ℞. ΥΕΛΗΤΩΝ. Lion à g. ; au-dessus Φ, triquètre et I. Didr. Arg. TB. *V. pl.* II.

35 Tête de Pallas à g., le casque orné d'un dauphin ; sur le garde-nuque, Φ. ℞. ΥΕΛΗΤΩΝ. Lion à dr. ; au-dessus, Φ, trident et I. Didr. Arg. Très beau. *V. pl.* II.

36 Tête de Pallas à dr., le casque orné d'un griffon ; dans le champ, Λ Φ. ℞. Même lion ; au-dessus dauphin et seiche. Didr. Arg. TB.

BRUTTIUM

37 Les Bruttiens. Buste de Niké à dr. ℞. ΒΡΕΤΤΙΩΝ. Divinité u-viale debout, se couronnant ; dans le champ, un gouvernail. Octobole. Arg. TB.

38 Tête d'Arès à g. ℞. ΒΡΕΤΤΙΩΝ. Niké à g., couronnant un trophée. — Tête d'Héraclès à dr. ℞. Enyo armée à dr. — Tête de Zeus à dr. ℞. Arès combattant à dr. — Ens. 3 p. Br. TB.

39 Tête de Zeus à dr. ℞. ΒΡΕΤΤΙΩΝ. Aigle à g. — Tête de Niké à dr. ℞. Zeus dans un bige à dr. — Tête coiffée d'un crabe à g. ℞. Crabe. — Ens. 3 p. Br. TB.

40 Caulonia. Apollon debout à dr., agitant une branche et portant une figurine ailée sur le bras g. étendu ; devant lui, un cerf retournant la tête ; derrière. KAVΛ. ℞. Même type à g. en creux, sans légende. Statère. Arg. Extrêmement beau. *V. pl.* II.

41 Type d'Apollon à dr. avec le cerf ; derrière VAK. ℞. Cerf debout à dr. ; devant, branche de laurier ; au-dessus, ΛVAK. Didr. Arg. TB.

42 Croton. Trépied à pieds de lion, avec deux serpents en regard entre les pieds ; à g., ϘΡΟ. ℞. Même type en creux. Statère archaïque sur flan large. Arg. TB.

43 Trépied ; à dr., ΟΡϘ. ℞. Aigle en creux. Statère, flan épais. Arg. TB.

44 Trépied ; à dr., une cigogne ; à g., ϘΡΟ. ℞. Trépied en creux. Statère. Arg. TB.

45 Trépied ; à g., ΚΡΟ ; à dr., Δ. ℞. Aigle le cou tendu, les ailes éployées à g. sur une branche d'olivier. Didr. Arg. TB. *V. pl.* II.

46 Tête de Héra de face. ℞. ΚΡΟΤ. Héraclès assis à g. sur un rocher, tenant un vase ; devant lui un trépied ; dans le champ, arc, massue et Μ.Δ. Didr. Arg. Très beau et rare. *V. pl.* II.

47 Locriens Epizephiriens. ΛΟΚΡΩΝ Tête de Zeus à g. ℞. Aigle à g. déchirant un lièvre. Didr. Arg. TB. *V. pl.* II.

48 Terina. Tête de Térina à g. ; autour, ΤΕΡΙΝΑΙΟΝ ; derrière, Π. ℞.

Niké assise à g. sur une base, tenant un thyrse ; devant, Π. Didr. Arg. TB. Rare. *V. pl.* II.

49 Tête de Térina à dr. avec bandelette brodée ; autour, **TEPINAION**. ℞. Niké assise à g., les ailes éployées, la main dr. posée sur le genou. Didr. Arg. B. Rare.

SICILE

50 Agrigente. Aigle au repos à g.; derrière. **AKRAC**; devant, **ƎOTИA**. ℞. Crabe. Tétradr. Arg. B.

51 *Phintias.* Tête d'Artémis à g. ℞. **ΒΑΣΙΛΕΟΣ· ΦΙΝΤΙΑ**. Sanglier courant à g. Br. TB.

52 Gela. **ϹΕΛΑΣ**. Protomé de taureau androcéphale à dr. ℞. Femme dans un quadrige au pas à dr. ; les chevaux sont couronnés par Niké. Tétradr. Arg. TB. *V. pl.* II.

53 Protomé de taureau androcéphale à dr. ; au-dessous, **CΕΛΑΣ**. ℞. Cavalier nu, casqué, galopant à dr., brandissant un javelot. Didr. Arg. TB.

54 Leontini. **ꓡEONTINON**. Tête de lion à dr. entre quatre grains d'orge. ℞. Femme dans un quadrige à dr. ; au-dessus, Niké couronnant les chevaux. Tétradr. Arg. B.

55 Tête laurée d'Apollon à dr. ℞. **LEONTINON**. Tête de lion à dr., entre quatre grains d'orge. Tétradr. Arg. TB.

56 Variété avec la tête d'Apollon à g., Tétradr. Arg. TB.

57 Messana. **DANKꓡE**. Dauphin à g., dans un port demi-circulaire. ℞. Coquille dans une aire en creux. Drachme. Arg. TB.

58 **ΜΕΣΣΑΝΙΟΝ**. Lièvre à dr. ; dessous, un dauphin. ℞. Niké dans un bige de mules à dr. ; au-dessus, **ΜΕΣΣΑΝ** ; dessous, deux dauphins affrontés. Tétradr. Arg. TB.

59 Panormos. *Domination Carthaginoise.* Tête de Perséphone à g., entre quatre dauphins. ℞. Tête de cheval à g., derrière, un palmier ; dessous, *Am. machanat* en lettres puniques. Tétradr. Arg. TB. *V. pl.* II.

60 Tête d'Héraclès jeune à dr. avec la peau de lion. ℞. Tête de cheval à g. ; dessous, *Am. Machanat* ; devant, une massue. Tétradr. Arg. TB.

61 Tête de Déméter à g. ℞. Cheval debout à dr. regardant en arrière ; au fond, un palmier ; devant le cheval, un astre. Didr. phén. Arg. TB. *V. pl.* II.

62 Segesta. **ΣΈΓΕΣΤΑΙΙΒ**. Tête de la nymphe Ségesta à dr. ℞. Chien debout à dr. ; au-dessus, un grain d'orge. Didr. Arg. TB. *V. pl.* III.

63 SELINOS. Grande feuille d'ache. ℞. Carré incus avec rayons partant du centre. Statère. Arg. TB.

64 SYRACUSA. ΣΥΡΑ. Tête de Pallas à g., avec casque athénien. ℞. Tête de Gorgone sur l'égide. 10 litra. Or. TB. *V. pl.* III.

65 Tête laurée d'Apollon à g. ; derrière, un canthare. ℞. ΣΥΡΑΚΟΣΙΩΝ. Trépied. 50 litra. Electrum. Jolie pièce à FDC. *V. pl.* III.

66 ΙΕΥΣ ΕΛΣΥΘΕΡΙΟΣ. Tête laurée de Zeus à g. ℞. ΣΥΡΑΚΟΣΙΩΝ. Pégase au galop à g.; devant, monogr. ΑΡ. ; dessous, 3 points. 30 litra. Or. Très belle pièce à FDC. Très rare. *V. pl.* III.

67 Tête laurée d'Apollon à g., les cheveux courts. ℞. ΣΥΡΑΚΟΣΙΩΝ. Bige au galop à dr. ; dessous, triquètre. Drachme d'Or. Très belle pièce. FDC. Rare. *V. pl.* III.

68 Tête de Perséphone à g., avec collier de perles et boucles d'oreilles, entourée de quatre dauphins. ℞. Quadrige au galop à g. ; au-dessus, Niké volant à dr. couronne l'aurige ; à l'exergue, des armes carthaginoises. Arg. Décadrachme, par Evainetos. Magnifique pièce de beau style. *V. pl.* III.

69 ΣΥΡΑΚΟΣΙΟΝ. Petite tête de Niké à dr., diadémée, les cheveux perlés, relevés et rattachés derrière la tête, entre quatre dauphins. ℞. Quadrige au pas à dr. ; au-dessus, Niké volant à dr. Tétradr. Arg. B.

70 Même lég. Tête de Niké à dr., les cheveux transversaux sur la tête, la queue ligaturée ; autour, quatre dauphins. ℞. Le précédent, à l'exergue, un serpent. Tétradr. Arg. Très belle pièce. *V. pl.* III.

71 Autre ; les cheveux ondulés sur le front et bouffant en trois coques derrière la tête. Tétradr. Arg. TB. Jolie pièce. *V. pl.* III.

72 Variété d'un autre style. Tétradr. Arg. TB. *V. pl.* III.

73 Même lég. Grosse tête de Niké à dr., la queue relevée derrière la tête et retenue par un large bandeau. Au revers, l'aurige est barbu. Tédradr. Arg. B.

74 Autre ; le chignon ligaturé, horizontal derrière la tête. Tétradr. Arg. B.

75 ΣΥΡΑΚΟΣΙΩΝ. Tête de Niké à g., ceinte d'un bandeau, tous les cheveux volant ; autour, quatre dauphins. ℞. Quadrige au galop à g., l'aurige couronné par Niké ; à l'exergue, un dauphin. Tétradr. Arg. TB. Rare. *V. pl.* III.

76 Tête de Coré à g. ; autour, trois dauphins ; sous le cou, ΝΙ. ℞. Quadrige au galop à g. ; au-dessus, la triquètre ; à l'exergue ΣΥΡΑΚΟΣΙΩΝ et ΑΝ. Tétradr. Arg. TB. *V. pl.* III.

77 ΣΥΡΑΚΟΣΙΩΝ. Tête de Pallas à dr. avec casque corinthien. ℞. Pégase galopant à g. Didrachme. Arg. TB.

78 Tête de femme janiforme laurée. ; à g., ΣΥΡΑΚΟΣΙΟΝ ; à dr., deux

dauphins. ℞. Cheval galopant à dr. ; au-dessus, un épi ; dessous **N**. Deux litra. Arg. Rare et jolie pièce. *V. pl.* III.

79 **ΣΥΡΑΚΟΣΙΩΝ**. Tête de Déméter à g. ℞. **ΑΓ**. Taureau cornupète à g. entre deux dauphins. — Même type sans lettres. — Ens. 2 p. Br. TB.

80 Même lég. Tête diadémée d'Héraclès à dr. ℞. Lion à dr. — Tête de Perséphone à g. ℞. Bige au galop à dr. Ens. — 2 p. Br. TB.

81 **ΔΙΟΣ ΕΛΛΑΝΙΟΥ**. Tête imberbe, laurée de Zeus Ellenios à dr. ℞. **ΣΥΡΑΚΟΣΙΩΝ**. Aigle à g. sur un foudre ; devant, une étoile. Br. Très jolie pièce.

82 Tête d'Héraclès à g. ℞. **ΣΥΡΑΚΟΣΙΩΝ**. Pallas combattant à dr. — Variété avec la tête à dr. Ens. 2 p. Br. TB. Belle patine.

83 Rois de Syracuse. *Agathocle.* **ΚΟΡΑΣ**. Tête de Coré à dr. ℞. **ΑΓΑΘΟΚΛΕΟΣ**. Victoire fixant un casque sur le haut d'un trophée à dr. ; dans le champ, **ΑΙ** et triquètre. Tétradr. Arg. Très belle pièce de beau style. *V. pl.* III.

84 *Hiéron II.* Tête de Perséphone à g. ℞. **ΙΕΡΩΝΟΣ**. Bige au galop à dr. 50 litra. Or. Très belle pièce. Rare. *V. pl.* III.

85 **ΣΩΤΕΡΙΑ**. Buste d'Artémis à dr. ℞. **ΑΓΑΘΟΚΛΕΟΣ ΒΑΣΙΛΕΟΣ**. Foudre. — Tête diadémée d'Hiéron à g. ℞. **ΙΕΡΩΝΟΣ**. Cavalier à dr. Ens. — 2 p. Br. TB.

86 Tête de Poséidon à g. ℞. **ΙΕΡΩΝΟΣ**. Trident entre deux dauphins. — Tête de Perséphone à g. ℞. **ΙΕ**. Taureau cornupète à g. — Ens. 2 p. Br. TB.

87 *Philistis.* Sa tête voilée à g. ℞. **ΒΑΣΙΛΙΣΣΑΣ ΦΙΛΙΣΤΙΔΟΣ**. Niké dans un quadrige au galop à dr. ; au-dessus, un croissant ; dessous, un épi. Tédradr. Arg. TB.

MŒSIE INFÉRIEURE

88 Istros. Deux têtes imberbes posées en sens contraire. ℞. **ΙΣΤΡΙΗ**. Aigle debout à g. sur un dauphin ; derrière, **Β**. Drachme. Arg. TB. *V. pl.* IV.

THRACE

89 Ainos. Tête d'Hermès à dr. avec le pétase sans ailes. ℞. **ΑΙΝ**. Bouc à dr. ; devant, une massue. Diobole. Arg. TB. *V. pl. IV.*

90 Maronea. Tête de Dionysos jeune couronnée de lierre à dr. ℞.

ΔΙΟΝΥΣΟΥ ΣΩΤΗΡΟΣ ΜΑΡΩΝΙΤΩΝ. Dionysos debout à g. tenant une grappe et deux férules. Dans le champ, monogr. ΔΙΩΝ et ΑΠΩ. Tétradr. Arg. TB.

91 Mesembria. Casque à aigrettes de face. ℞. ΜΕΤΑ. dans les quartiers d'une roue. Diobole. Arg. TB.

92 Sestos. *Alexandre le Grand.* Tête jeune d'Héraclès à dr. avec la peau de lion. ℞. ΑΛΕΞΑΝΔΡΟΥ. Zeus aetophore assis à g.; devant, un terme de Priape. Tétradr. Arg. TB.

93 Thasos. Satyre à dr., un genou en terre, tenant une nymphe dans ses bras. ℞. Carré incus en ailes de moulin. Statère. Arg. TB.

94 — Même type. Drachme. Arg. B.

95 Silène agenouillé à g., tenant un canthare. ℞. ΘΑΣΙΩΝ. Amphore. Quart de drachme. Arg. TB. *V. pl.* IV.

96 Tête de Dionysos jeune, couronné de lierre, à dr. ℞. ΗΡΑΚΛΕΟΥΣ ΣΩΤΗΡΟΣ ΘΑΣΙΩΝ. Héraclès nu, debout à g.; dans le champ, Μ. Tétradr. Arg. TB.

97 Rois de Thrace. *Lysimaque.* Tête diadémée d'Alexandre à dr. avec la corne d'Ammon. ℞. ΒΑΣΙΛΕΩΣ ΛΥΣΙΜΑΧΟΥ. Pallas nicéphore à g., appuyée sur un bouclier; dans le champ, le monogr. ΑΤΙ. Statère. Or. Superbe pièce de très beau style et à FDC. *V. pl.* IV.

98 — Même droit. ℞. Même lég. et type de Pallas; dans le champ, deux monogr. Tétradr. Arg. Très belle pièce. *V. pl.* IV.

MACÉDOINE

99 Acanthos. *Alexandre le Grand.* Tête jeune d'Héraclès à dr. avec la peau de lion. ℞. ΑΛΕΞΑΝΔΡΟΥ ΒΑΣΙΛΕΩΣ. Zeus aetophore assis à g.; dans le champ, une roue et deux monogr. Tétradr. Arg. TB.

100 Amphipolis. Tête laurée d'Apollon de trois quarts à droite. ℞. ΑΜΦΙΠΟΛΙΤΕΩΝ écrit sur le bord d'un carré incus renfermant un flambeau de course. Drachme. Arg. Très belle et très rare. *V. pl.* IV.

101 Eion. Cygne à dr., retournant la tête; au-dessus, un lézard; devant, Ν. ℞. Carré incus. 1 1/2 obole. Arg. TB. *V. pl.* IV.

102 Pella. *Alexandre le Grand.* Tête jeune d'Héraclès avec la peau de lion à dr. ℞. ΑΛΕΞΑΝΔΡΟΥ. Zeus aetophore assis à g.; devant, un foudre; sous le siège, ΔΙ (M. 7). Tédradr. Arg. TB.

103 Philippi. *Id.* Même droit. ℞. ΒΑΣΙΛΕΩΣ ΑΛΕΞΑΝΔΡΟΥ. Zeus aetophore assis à g.; devant, un trépied (M. 146). Tétradr. Arg. TB.

104 Therma. *Id.* Même droit. ℞. ΑΛΕΞΑΝΔΡΟΥ. Même type de Zeus ; sous le siège, Θ. Tétradr. (M.197). Arg. TB.

105 Paeonie. *Patraos, roi.* Tête d'Apollon à dr. ℞. Cavalier à dr., frappant de sa lance un ennemi renversé. Tétradr. Arg. TB. *V. pl.* IV.

106 Rois de Macédoine. *Philippe II.* Tête laurée d'Apollon à dr. ℞. ΘΙΛΙΠΠΟΥ. Bige au galop à dr. dessous, un trident. Statère. Or. TB. *V. pl. IV.*

107 Tête laurée de Zeus à dr. ℞. ΦΙΛΙΠΠΟΥ. Cavalier nu passant à dr., tenant une longue palme ; sous le cheval, un foudre ; à l'exergue, N. Tétradr. Arg. Superbe pièce. *V. pl.* IV.

108 — Variété sans exergue ; devant le cheval, une tête janiforme avec le modius. Tétradr. Arg. TB.

109 Tête d'Apollon laurée à dr. ℞. ΦΙΛΙΠΠΟΥ. Cavalier nu galopant à dr. ; dessous, une branche à deux rameaux. Tétrobole. Arg. TB.

110 *Alexandre le Grand.* Tête casquée de Pallas à dr. ℞. Niké marchant à g., tenant une couronne et un trident ; derrière, ΑΛΕΞΑΝΔΡΟΥ. Statère. Or. Superbe pièce FDC. *V. pl.* IV.

111 Tête de Pallas d'un autre style, le casque orné d'un griffon. ℞. Le précédent, mais ΑΛΕΞΑΝΔΡΟΥ devant Niké. Statère. Or. FDC. *V. pl.* IV.

112 Tête jeune d'Héraclès à dr. avec la peau de lion. ℞. ΑΛΕΞΑΝΔΡΟΥ. Zeus aetophore assis à g. ; sous le siège, un monogr. Tétradr. (M.667). Arg. TB.

113 Mêmes types ; sous le siège, une bipenne ; à g., un monogr. dans un cercle. Drachme. Arg. — Même tête. ℞. Caducée, massue, arc et carquois. Br. *Cassandre.* Même tête ΒΑΣΙΛΕΩΣ ΚΑΣΣΑΝΔΡΟΥ. Cavalier à dr. Br. — Ens. 1 p. Arg. et 2 p. Br. TB.

114 *Démétrius Poliorcète.* Sa tête cornue et diadémée à dr. ℞. ΒΑΣΙΛΕΩΣ ΔΗΜΗΤΡΙΟΥ. Poseidon debout à g., appuyé sur son trident, le pied dr. sur un rocher. Tétradr. Arg. TB. *V. Pl.* IV.

115 Victoire (de Samothrace) sonnant de la trompette, debout sur une proue tournée à g. ℞. ΔΗΜΗΤΡΙΟΥ ΒΑΣΙΛΕΩΣ. Poseidon nu, combattant à g. avec son trident, le manteau enroulé autour du bras g. ; dans le champ, le monogr. ΑΙΝ. Tétradr. Arg. Pièce superbe de style et de conservation. *V. pl.* IV.

116 *Antigone Gonatas.* Tête de Pan à g. sur le bouclier macédonien. ℞. ΒΑΣΙΛΕΩΣ ΑΝΤΙΓΟΝΟΥ. Pallas à g. lançant la foudre ; dans le champ, un casque à aigrette et le monogr. ΗΛ. Tétradr. Arg. Très belle pièce.

117 *Antigone Doson.* Tête de Poseidon à dr., une plante marine entourant la chevelure flottante. ℞. ΒΑΣΙΛΕΩΣ ΑΝΤΙΓΟΝΟΥ inscrit sur

une proue sur laquelle Apollon nu, tenant un arc, est assis à g. ; à l'exergue, un monog. Tétradr. Arg. Magnifique pièce de grand style. *V. pl.* IV.

118 *Philippe V.* Bouclier macédonien portant au centre la tête du héros Persée avec le casque phrygien ailé et surmonté d'une tête d'aigle à g. ; derrière le cou, la harpé. ℞. **ΒΑΣΙΛΕΩΣ ΦΙΛΙΠΠΟΥ** et massue dans une couronne de chêne. Tétradr. Arg. Très belle pièce. Rare. *V. pl.* IV.

119 *Persée.* Sa tête diadémée à dr. ℞. **ΒΑΣΙΛΕΩΣ ΠΕΡΣΕΩΣ**. Aigle éployé sur un foudre à dr. ; devant, **ΜΕ** ; le tout dans une couronne de chêne. Tétradr. Arg. Très belle pièce. *V. pl.* V.

120 *Domination romaine.* Buste d'Artémis à dr. sur le bouclier macédonien. ℞. **ΜΑΚΕΛΟΝΩΝ ΠΡΩΤΗΣ**. Massue et trois monogr. dans une couronne de chêne. Tétradr. Arg. TB.

121 **ΜΑΚΕΔΟΝΩΝ**. Tête d'Alexandre cornue, les cheveux flottants, à dr. ℞. **AESILLAS**. **Q**. Massue entre un coffret et une chaise curule, le tout dans une couronne d'olivier. Tétradr. Arg. TB.

THESSALIE

122 Tête laurée de Zeus à dr. ℞. **ΘΕΣΣΑΛΩΝ**. Pallas combattant à dr. ; au-dessus, **ΚΛΕΙΠΠΟΣ** ; dessous, **ΓΟΡΓΩΠΑΣ**. Double victoriat. Arg. TB.

123 Larissa. Éphèbe à g., retenant un taureau par les cornes. ℞. **ΛΑΡΙΣΑΙΑ**. Cheval bridé galopant à dr. Drachme. Arg. TB.

124 Tête de Larissa de trois quarts à dr. ℞. **ΛΑΡΙΣΑ**. Cheval paissant à dr. Drachme. Arg. Très jolie pièce. *V. pl.* V.

125 Magnesia. *Alexandre le Grand.* Tête jeune d'Héraclès avec la peau de lion à dr. ℞. **ΑΛΕΞΑΝΔΡΟΥ**. Zeus aetophore assis à g. ; devant, une proue à dr. (M. 503). Tétradr. Arg. TB.

ILLYRIE ET EPIRE

126 Dyrrachium. Vache à g. allaitant son veau. ℞. **ΔΥΡ**. Double carré étoilé ; au bas, une massue. Statère. Arg. TB. *V. pl.* V.

127 Vache allaitant son veau à dr. ; au-dessus, **ΜΑΧΑΤΑΣ** ; dessous, épi. ℞. **ΔΥΡ. ΑΡΙCΤΑΡΧΟΥ**. Plan des jardins d'Alcinoüs. Victoriat. Arg. — Ambracia. Tête casquée de Pallas à dr. ; derrière, une proue. ℞. **Α**. Pégase galopant à dr. Didr. Arg. — Ens. 2 p. TB.

128 CORCYRE. Vache allaitant son veau à dr. ; au-dessus, une étoile. ℞. **ΚΟΡ**. Double carré étoilé ; dessous, fer de lance. Statère. Arg. TB.

ACARNANIE

129 Tête de Zeus laurée à dr. ℞. **AR** en monogr. Tête barbue d'Acheloüs à dr. Br. — ANACTORIUM. Tête casquée de Pallas à g.; derrière, **ꟿ** et trépied. ℞. Pégase à g.; dessous, **AN**. Didr. Arg. — Ens. 2 p. TB.

130 LEUCAS. Tête de Pallas casquée à dr. du style archaïque, avec les cheveux en queue dans un carré incus. ℞. ⊦ Pégase, les ailes recroquevillées, galopant à dr. Didrachme. Arg. Très beau. *V. pl.* V.

131 Artémis debout à dr. tenant une chouette ; devant elle, un cerf ; derrière, un sceptre surmonté d'un oiseau, dans une couronne de laurier. ℞. **ΛΕΥΚΑΔΙΩΝ ΠΕΙΣΙΛΑΟΣ**. Proue à dr., entourée de laurier ; dessous, monogr. **AP**. Didrachme. Arg. B. Rare.

LOCRIDE

132 LOCRIENS OPUNTIENS. Tête d'Aréthuse à g. ℞. **ΟΠΟΝΤΙΩΝ**. Ajax combattant à dr., avec l'épée et le bouclier orné à l'intérieur d'un serpent. Statère. Arg. TB. Rare. *V. pl.* V.

BÉOTIE

133 LES BÉOTIENS. Tête laurée de Poséidon à dr. ℞. Niké debout à g., tenant une couronne et un trident ; derrière, **ΒΟΙΩΤΩΝ** ; devant, un monogr. Drachme. Arg. Très belle pièce. *V. pl.* V.

ATTIQUE

134 ATHENES. Tête d'Athéna à dr. de style archaïque postérieur, le casque orné de trois feuilles d'olivier, la chevelure en bandeau. ℞. **ΑΘΕ**. Chouette debout à dr., regardant de face, dans un carré incus ; derrière, deux feuilles d'olivier avec une olive et un croissant. Tétradr. Arg. TB.

135 — Mêmes types sans le croissant. Drachme. Arg. TB.

136 Tête d'Athéna à dr. avec le casque à crinière orné d'un Pégase. ℞. **ΑΘΕ·ΑΧΑΙΟΣ·ΗΛΙ·ΕΥΛΕ**. Chouette à dr. sur une amphore avec **Ι**; dessous **ΣΙ**; le tout dans une couronne d'olivier. Tétradr. Arg. TB.

137 Aegine. Tortue de terre, la carapace écaillée. ℞. Carré creux divisé en cinq parties par des lignes épaisses. Statère. Arg.

138 — Même tortue. ℞. Carré creux divisé en cinq compartiments. Triobole. Arg. TB.

PÉLOPONÈSE

139 Corinthe. Tête casquée de Pallas avec les cheveux en queue à dr., dans un carré incus. ℞. Pégase galopant à g., les ailes recroquevillées; dessous, **ϙ**. Didrachme. Arg. TB.

140 Tête de Pallas à g., le casque lauré avec large garde-nuque; dessous, **AP**; derrière, un aigle. ℞. Pégase galopant à g. les ailes droites; dessous, **ϙ**. Didr. Arg. TB. *V. pl.* V.

141 — Même tête, le casque non lauré; derrière, **N** dans une couronne d'épis. ℞. Le précédent. Didr. Arg. TB. *V. pl.* V.

142 Tête casquée de Pallas à dr.; devant, un dauphin; derrière, **ƺ**. ℞. Pégase galopant à dr.; dessous, **ϙ**. Didr. Arg. Très beau. *V. pl.* V.

143 Tête d'Aphrodite à dr., les cheveux enroulés. ℞. **ϙ** Protomé de Pégase à g., les ailes recroquevillées. Demi-drachme. Arg. B.

144 Elis. Tête de Héra à dr., le stéphanos orné de cinq fleurons; dans le champ, **FA**. ℞. Aigle au repos à g. dans une couronne d'olivier sauvage. Statère. Arg. Très belle et rare pièce. *V. pl.* V.

145 — Même tête à dr., le stéphanos orné de quatre fleurons espacés. ℞. **FA** et foudre dans une couronne d'olivier sauvage. Statère. Arg. Superbe pièce de grand style. *V. pl.* V.

146 Messene. Tête diadémée de Zeus à dr. ℞. **ΜΕΣ·ΞΕΝΟΧΑΡΗΣ**. Trépied dans une couronne de laurier. Tétrobole. Arg. TB.

CRÈTE

147 Cydonia. Tête de nymphe à dr., les cheveux enroulés; derrière, une contremarque. ℞. **ΚΥΔΩΝ**. Le héros Kydon debout à g., bandant un arc. Statère. Arg. AB. Très rare. *V. pl.* V.

148 Itanos. Tête d'Athéna casquée à g. ℞. **ΙΤΑΝΙΩΝ**. Aigle debout à g., retournant la tête; derrière, Glaukos tenant un trident; le tout dans un carré incus. Demi-drachme. Arg. TB. *V. pl.* V.

PONT

149 Rois du Pont et du Bosphore. *Mithridate VI, le Grand.* Sa tête diadémée à dr. ℞. **ΒΑΣΙΛΕΩΣ ΜΙΘΡΑΔΑΤΟΥ ΕΥΠΑΤΟΡΟΣ**. Pégase à g. buvant ; devant lui, étoile et croissant ; derrière, deux monogr. ; au bas, **Θ** ; le tout dans une couronne de lierre. Tétradr. Arg. Très belle pièce. Rare. *V. pl.* V.

BITHYNIE

150 Cius. Tête d'Apollon à dr. ; dessous, **ΚΙΑ**. ℞. **ΜΙΛΗΤΟΣ**. Proue à g. Demi-drachme. Arg. TB. *V. pl.* V.

151 Heracleia. Tête barbue d'Héraclès avec la peau de lion à g. ℞. **ΗΡΑΚΛΕΙΑ**. Massue. Trihémiobole. Arg. TB. *V. pl.* V.

MYSIE

152 Cyzique. Lion à g., regardant de face, la tête baissée ; dessous, un thon. ℞. Carré incus, en ailes de moulin. Hecté. Electrum. Très beau. Rare. *V. pl.* VI.

153 **ΣΩΤΕΙΡΑ**. Tête de Perséphone voilée et couronnée d'épis à g. ℞. Apollon assis à g. sur l'omphalos, tenant une patère, le coude gauche appuyé sur une lyre. Statère. Arg. Très beau et très rare. *V. pl.* VI.

154 Rois de Pergame. *Attale I.* Tête de Philétaire laurée à dr. ℞. Athéna assise à g. près d'un bouclier, tenant une couronne élevée au-dessus du nom **ΦΙΛΕΤΑΙΡΟΥ** et une haste. Dans le champ, **Α** et feuille de lierre ; derrière, un arc. Tétradr. Arg. Très belle pièce. *V. pl.* VII.

155 *Eumène II.* Tête laurée de Philétaire à dr. ℞. Même type d'Athéna couronnant le nom **ΦΙΛΕΤΑΙΡΟΥ** ; dans le champ, monogr. **ΕΥΜ** ; derrière, un arc. Tétradr. Arg. Magnifique pièce.

EOLIDE

156 Cyme. Tête de l'amazone Cymé à dr., un ruban dans les cheveux. ℞. **ΚΥΜΑΙΩΝ**. Cheval debout à dr., un pied levé sur un vase ; dessous **ΜΗΤΡΟΦΑΝΗΣ**, le tout dans une couronne de laurier. Tétradr. Arg. Très belle pièce. *V. pl.* VII.

157 Myrina. Tête laurée d'Apollon à dr., la chevelure tombant en trois boucles sur le cou. ℞. **ΜΥΡΙΝΑΙΩΝ**. Apollon debout à dr., tenant une patère et une branche de laurier ornée de deux bandelettes ; devant lui, l'omphalos et une amphore ; derrière, monogr. **ΚΑ**, le tout dans une couronne de laurier. Tétradr. Arg. Très beau. *V. pl.* VII.

158 Temnos. *Alexandre le Grand.* Tête jeune d'Héraclès à dr. ℞ **ΑΛΕΞΑΝ-ΔΡΟΥ**. Zeus aetophore assis à g.; devant lui, un vase d'où sortent deux pampres avec raisins et monogr. Tétradr. sur flan large. Arg. TB.

159 Lesbos. Tête de bélier à dr.; au-dessous, un coq à g. ℞. Tête de lion incuse à g. Hecté. Electrum. TB. Rare. *V. pl.* VI.

160 Tête de Perséphone à dr., couronnée d'épis. ℞. Taureau cornupète à g. encadré de lignes, dans un carré incus. Hecté. Electrum. TB. *V. pl.* VI.

161 Tête de Zeus Ammon imberbe à dr. ℞. Aigle debout à dr., regardant en arrière, dans un carré formé de lignes. Hecté. Electrum. Jolie pièce. TB. *V. pl.* VI.

162 Tête de Déméter voilée et couronnée d'épis à dr. ℞. Trépied orné de deux guirlandes, dans un encadrement ligné. Hecté. Electrum. TB. *V. pl.* VI.

163 Deux têtes de veaux en regard ; entre elles, un olivier. ℞. Carré incus. Statère. Billon. TB.

164 Mytilène. Tête laurée d'Apollon à dr. ℞. **ΜΥΤΙ**. Lyre à cinq cordes ; à g., un thyrse ; dans un carré ligné. Statère. Arg. TB. Très rare. *V. pl.* VI.

IONIE

165 Clazomene. Partie antérieure d'un sanglier ailé à dr. ℞. Carré incus. Didrachme. Arg. TB. *V. pl.* VI.

166 — Mêmes types. Drachme. Arg. TB. *V. pl.* VI.

167 — Même droit ; au-dessus, **Α**. ℞. Carré incus. Diobole. Arg. TB. *V. pl.* VI.

168 Buste lauré d'Apollon de trois quarts à g., la chlamyde nouée sous le menton. ℞. Cygne debout à g., les ailes ouvertes, lissant les plumes de sa poitrine ; au-dessus, **ΑΝΤΙΦΑΝΗΣ** ; au bas **ΚΛΑ**. Drachme. Arg. TB. Très rare. *V. pl.* VI.

169 — Même droit. ℞. Cygne debout à g., les ailes ouvertes, regardant une tête de bélier ; au-dessus, **ΑΠΟΛΛΑΣ** ; au bas, **ΚΛΑ**. Demi-drachme. Arg. Très belle. Rare. *V. pl.* VI.

170 Ephese. **ΕΦ**. Abeille. ℞. **ΠΑΓΚΡΑΤΙΔΗΣ**. Partie antérieure d'un cerf agenouillé à dr., retournant la tête ; derrière, un palmier. Tétrad. Arg. Très beau. Rare. *V. pl.* VI.

171 Tête d'Artémis à dr. ℞. **ΕΦ**. Partie antérieure d'un cerf à dr., retournant la tête ; derrière, **ΝΙΚΙΑΣ** ; devant, une abeille. Didrachme. Arg. TB. Rare. *V. pl.* VI.

172 Milet. Tête de lion à g., la gueule ouverte ; au-dessous, une jambe de lion tournée à dr. ℞. Étoile cruciforme à quatre rais, centrée d'un globule. Drachme. Arg. TB. *V. pl.* VI.

173 Chios. Sphinx assis à g. ; devant, une amphore. ℞. Carré incus divisé en quatre parties. Didr. Arg. TB. *V. pl.* VI.

174 Samos. Scalp de lion de face. ℞. **ΣΑΜΙΩΝ**. Partie antérieure de taureau à dr. ; devant, une branche d'olivier ; à l'exergue, trident et proue. Drachme et demie. Arg. TB. *V. pl.* VI.

CARIE

175 Cnide. Protome de lion à dr. ℞. Tête d'Aphrodite à dr., dans un carré incus. Didr. Arg. TB. *V. pl.* VI.

176 Halicarnasse. *Mausole*. Tête laurée d'Apollon de face. ℞. **ΜΑΥΣΣΩΛΛ**. Zeus stratios debout à dr., portant la bipenne sur l'épaule dr., et tenant une lance de la main g. Tétradr. Arg. Très beau et très rare. *V. pl.* VI.

177 Rhodes. Tête d'Apollon de trois quarts à dr., les cheveux flottants. ℞. **ΡΟΔΙΟΝ**. Fleur de balaustium avec tige à dr. ; à g., une grappe et **Ε** ; dans un carré incus. Didr. Arg. TB.

178 — Même droit. ℞. Même fleur ; à g., massue et arc en sautoir ; au-dessus, **ΣΤΑΣΙΩΝ** ; au bas, **ΡΟ**. Drachme. Arg. TB.

179 Tête radiée d'Hélios de trois quarts à dr. ℞. Fleur de balaustium avec tige à dr. ; à g., un foudre ; au-dessus, **ΕΥΚΡΑΤΗΣ** ; au bas. **ΡΟΔΙΟΝ**. Tétradr. Arg. Très belle pièce. *V. pl.* VI.

180 — Même droit. ℞. Même fleur ; à g., un aplustre ; au-dessus, **ΡΟΔΙΟΝ**, au bas, **ΜΑΧΙΝΤΑΣ**. Didr. Arg. TB.

LYDIE

181 Tête de lion à dr. ℞. Carré incus oblong, divisé en deux parties. Tiers de statère. Electrum. TB.

LYCIE

182 Partie antérieure d'un sanglier à g. ; sur l'épaule, trois lettres lyciennes incuses. ℞. Carré incus avec divisions irrégulières. Statère. Arg. B. Rare. *V. pl.* VI.

183 *Philippe III.* Tête jeune d'Héraclès avec la peau de lion à dr. ℞. **ΦΙΛΙΠΠΟΥ ΒΑΣΙΛΕΩΣ**. Zeus aetophore assis à g., devant, **M** ; sous le siége, **ΛΥ**. Tétradr. Arg. B.

PAMPHYLIE

184 Aspendos. Deux lutteurs dans un grènetis circulaire ; entre eux, **Π**. ℞. **ΕΣΤFΕΔΙΙΥΣ**. Frondeur combattant à dr. devant lui, la triquètre ; le tout dans un encadrement ponctué. Statère. Arg. TB. *V. pl.* VI.

185 Side. Tête d'Athéna avec casque corinthien à crinière à dr. ℞. **ΚΛΕΥΧ**. Niké marchant à g. et tenant une couronne ; devant elle, une grenade. Tétradr. Arg. TB.

PISIDIE

186 Selge. Tête d'Apollon de face. ℞. Tête d'Athéna avec casque à crinière à dr., derrière, astragale. Trihémiobole. Arg. Jolie pièce. TB. *V. pl.* VI.

CILICIE

187 Celenderis. Protome de Pégase à dr., les ailes recroquevillées. ℞. **ΚΕΛ**. Bouc agenouillé à dr., retournant la tête. Obole. Arg. TB. *V. pl.* VII.

188 — Mêmes types. Hémiobole. Arg. TB.

189 Mallos. *Philippe III.* Tête jeune d'Héraclès avec la peau de lion à dr. ℞. **ΦΙΛΙΠΠΟΥ ΒΑΣΙΛΕΩΣ**. Zeus aetophore assis à g. ; dessous, monogr. . Tétradr. Arg. TB.

190 Tarse. *Datame.* Tête d'Aréthuse de face. ℞. Tête d'Arétuse avec le casque athénien à dr. ; devant, *Datame* en lég. araméenne. Statère. Arg. TB. *V. pl.* VII.

191 Baaltars assis à dr., regardant de face ; derrière *Baaltars* en lég., araméenne, le tout dans un cercle de créneaux. ℞. Deux divinités debout dans un temple ; entre elles, un thymiatérion et *Datame* en lég. araméenne. Statère. Arg. TB. *V. pl.* VII.

CAPPADOCE

192 Rois. *Ariarathe IX*. Sa tête diadémée à dr. ℞. **ΒΑΣΙΛΕΩΣ ΑΡΙΑΡΑΘΟΥ ΕΥΣΕΒΟΥΣ** Athéna nicéphore debout à g., appuyée sur un bouclier ; devant, monogr. **ΠΑΙ**. Drachme. Arg. TB.

193 *Ariobarzane I*. Sa tête diadémée à dr. ℞. **ΒΑΣΙΛΕΩΣ ΑΡΙΟΒΑΡΖΑΝΟΥ ΦΙΛΟΡΩΜΑΙΟΥ**. Même type d'Athéna ; devant, monogr. **IMO** ; à l'exergue, **IΔ**. Drachme. Arg. TB.

SYRIE

194 Antioche. *Néron*. **ΝΕΡΩΝ ΚΑΙΣΑΡ ΣΕΒΑΣΤΟΣ**. Son buste lauré dr. avec l'égide. ℞. **ΕΤΟΥΣ·ΑΙΡ·Θ**. Aigle éployé sur un foudre, regardant à dr; devant, une palme. Tétradr. Arg. Très beau.

195 *Macrin*. **ΑΥΤ· Κ· Μ· ΟΠ· CE· ΜΑΚΡΙΝΟC· CEB**. Son buste lauré, drapé à dr. ℞. **ΔΗΜΑΡΧΕΞ· ΥΠΑΤΟ**. Aigle éployé à dr., une couronne dans le bec. Tétradr. Arg. Très beau.

196 Damas. *Alexandre le Grand*. Tête jeune d'Héraclès à dr., avec la peau de lion. ℞. **ΑΛΕΞΑΝΔΡΟΥ**. Zeus aetophore assis à g.; devant, protome de bélier à dr.; sous le siège, **ΔΑ**. Tétradr. Arg. TB.

197 Rois Séleucides. *Antiochus II*. Sa tête diadémée à dr. ℞. **ΒΑΣΙΛΕΩΣ ΑΝΤΙΟΧΟΥ**. Apollon nu, assis à g. sur l'omphalos, tenant une flèche et un arc ; dans le champ à g. monogr. **ΠΥ**. Tétradr. Arg. TB.

198 *Antiochus III*. Tête diadémée à dr. avec un des emnisques passé sur le cou, dans un cercle formé par une bandelette de laine. ℞. **ΒΑΣΙΛΕΩΣ ΑΝΤΙΟΧΟΥ**. Apollon nu assis à g. sur l'omphalos, tenant une flèche et un arc ; à g. **Ʊ**. Tétradr. Arg. TB. *V. pl.* VII.

199 *Antiochus VI*. Sa tête diadémée et radiée à dr. ℞. **ΒΑΣΙΛΕΩΣ ΑΝΤΙΟΧΟΥ ΕΠΙΦΑΝΟΥΣ ΔΙΟΝΥΣΟΥ**. Apollon assis à g. sur l'omphalos. Drachme. Arg. TB.

200 *Antiochus* VII *Evergète*. Sa tête diadéméeà dr., une bandelette au pourtour. ℞. **ΒΑΣΙΛΕΩΣ ΑΝΤΙΟΧΟΥ ΕΥΕΡΓΗΤΟΥ**. Athéna debout à g., tenant une Victoire qui tend une couronne à dr.; dans le champ, **A**, le tout dans une couronne de laurier. Tétradr. Arg. TB.

201 *Antiochus VIII*. Sa tête diadémée à dr., bandelette au pourtour. ℞. **ΒΑΣΙΛΕΩΣ ΑΝΤΙΟΧΟΥ ΕΠΙΦΑΝΟΥΣ**. Zeus Ouranios nu debout à g.; dans le champ à g., **AP**. et le monogr. **ΗΔΡ**. Tétradr. Arg. TB.

202 *Antiochus X*. Sa tête diadémée à dr.; bandelette au pourtour. ℞. **ΒΑΣΙΛΕΩΣ ΑΝΤΙΟΧΟΥ· ΕΥΣΕΒΟΥΣ· ΦΙΛΟΠΑΦΟΡΟΣ**. Zeus

nicéphore assis à g.; dans le champ, à g. **A** et monogr. Sous le siège, monogr. Couronne de laurier au pourtour. Tétradr. Arg. TB. Rare. *V. pl.* VII.

203 *Philippe.* Sa tête diadémée à dr., bandelette au pourtour. ℞. **ΒΑΣΙΛΕΩΣ ΦΙΛΙΠΠΟΥ ΕΠΙΦΑΝΟΥΣ ΦΙΛΑΔΕΛΦΟΥ**. Zeus nicéphore assis à g. dans une couronne de laurier. Tétradr. Arg. TB.

PHÉNICIE

204 Acé. *Alexandre le Grand.* Tête jeune d'Héraclès avec la peau de lion, à dr. ℞. **ΑΛΕΞΑΝΔΡΟΥ**. Zeus aetophore assis à g., les pieds sur un escabeau; devant lui, inscription phénicienne. Tétradr. Arg. TB.

205 Aradus. Buste tourelé et voilé de Tyché à dr. ℞. **ΑΡΑΔΙΩΝ**. Victoire debout à g.; devant, la date **ΖϘΡ**, une lettre phénicienne et **ΚΣ**., le tout dans une couronne de laurier. Tétradr. Arg. B.

206 Sidon. *Tennès.* Galère à g. sur quatre lignes de flots; au-dessus, une date phénicienne. ℞. Le roi Artaxercès III debout à g. dans un trige au pas, dont un aurige tient les rênes; derrière le char, un personnage tenant un sceptre. En haut, les initiales de *Tennès* en caractères phéniciens. Double statère. Arg. B. Rare. *V. pl.* VII.

207 *Alexandre I Bala.* Son buste diadémé à dr. ℞. **ΑΛΕΞΑΝΔΡΟΥ ΒΑΣΙΛΕΩΣ**. Aigle debout à g. avec une palme sur l'aile dr.; dans le champ, la date **ΒΞΡ** et **ΣΙΔΩ**. Tétradr. Arg. TB.

208 Tyr. Melkart sur un hippocampe ailé à dr. sur des flots. ℞. Hibou debout à dr., portant le sceptre et le fléau égyptiens; devant, la date phénicienne 30. Didr. Arg. B.

PERSE

209 Ros achéménides. Roi à demi agenouillé à dr., coiffé d'une cidaris à cinq dents, tenant un arc et une javeline ornée d'un pommeau, le carquois suspendu à son épaule. ℞. Carré creux allongé, présentant des aspérités. Darique. Or. TB. *V. pl.* VII.

BACTRIANE

210 *Euthydemos.* Son buste diadémé à dr. ℞. **ΒΑΣΙΛΕΩΣ ΕΥΘΥΔΗΜΟΥ**. Héraclès nu, debout de face, tenant une couronne et portant sa

massue sur le bras g.; dans le champ, monogr. **PK**. Tétradr. Arg. Très beau et très rare. *V. pl.* VII.

211 *Eucratides.* Son buste casqué à dr. ℞. **ΒΑΣΙΛΕΩΣ ΕΥΚΡΑΤΙΔΟΥ**. Les bonnets des Dioscures avec deux palmes ; au-dessous, monogr. Obole. Arg. TB. *V. pl.* VIII.

212 *Ménandre.* **ΒΑΣΙΛΕΩΣ ΣΩΤΗΡΟΣ ΜΕΝΑΝΔΡΟΥ**. Son buste casqué à dr. ℞. Lég. bactrienne. Pallas thessalienne combattant à g. Derrière elle, un monogr. Quart de statère. Arg. TB.

213 — Même lég. Son buste diadémé à g. vu de dos, couvert de l'égide et frappant de sa lance. Quart de statère. Arg. TB.

ÉGYPTE

214 *Alexandre le Grand.* Tête jeune d'Héraclès avec la peau de lion à dr. ℞. **ΑΛΕΞΑΝΔΡΟΥ**. Zeus aetophore assis à g., les pieds sur un escabeau; devant, une tête de bélier surmontée du symbole d'Isis ; sous le siège, **Δ** (M. 1517). Tétradr. Arg. TB.

215 *Alexandre Aegus.* Tête jeune et cornue d'Alexandre le Grand, couverte de la peau d'éléphant. ℞. **ΑΛΕΞΑΝΔΡΟΥ**. Pallas combattant à dr.; devant, un casque, un aigle, et **ΔΙ**. Tétradr. Arg. TB.

216 *Ptolémée I Soter.* Sa tête diadémée à dr. avec l'égide. ℞. **ΠΤΟΛΕΜΑΙΟΥ ΒΑΣΙΛΕΩΣ**. Aigle au repos sur un foudre à g.; devant, monogr. **ΣΩ**. et bouclier. Double statère. Or. Très belle pièce à FDC. *V. pl.* VIII.

217 *Ptolémée II, Arsinoé, Soter et Bérénice.* **ΑΔΕΛΦΩΝ**. Bustes accolés de Ptolémée II diadémé et d'Arsinoé à dr. ℞. **ΘΕΩΝ**. Bustes accolés de Soter diadémé et de Bérénice à dr. Double statère. TB. Rare. *V. pl.* VIII.

218 *Arsinoé II.* Sa tête voilée et diadémée à dr.; derrière, **Λ**. ℞. **ΑΡΣΙΝΟΗΣ ΦΙΛΑΔΕΛΦΟΥ**. Double corne d'abondance ceinte d'un diadème. Octadrachme d'Or. Très belle pièce de très beau style. *V. pl.* VIII.

219 — Même tête à dr.; derrière, **MM**. ℞. Même lég. et type. Décadrachme. Arg. Très belle. De beau style. *V. pl.* VIII.

220 *Ptolémée incertain.* Tête diadémée de Soter à dr. ℞. **ΠΤΟΛΕΜΑΙΟΥ ΒΑΣΙΛΕΩΣ**. Aigle à g. sur un foudre. Tétradr. Arg. TB.

221 Tête diadémée de Zeus Ammon à dr. ℞. Même lég. Aigle sur un foudre à g.; devant, une corne d'abondance. Br. 42 mm. TB.

CYRÉNAIQUE

222 CYRENE. Zeus assis à g., tenant l'aigle sur la main dr., le bras g. accoudé à son trône ; devant, un autel à encens ; derrière, ΟΙϘΙΑΦ· ℞. ΚΥΡΑΝΑΙΟΝ· Quadrige au trot à dr.; au-dessus, un astre vu à moitié. Statère. Or. Superbe pièce à FDC. *V. pl.* VIII.

223 Zeus debout à g., tenant une patère et appuyé sur un sceptre ; devant lui, un autel à parfums. ℞. ΚΥΡΑΝΑΙΟΝ· Victoire dans un quadrige au pas à dr. Statère. Or. Très belle pièce à FDC. *V. pl.* VIII.

224 Cavalier allant à g., un chapeau pendant derrière la nuque ; au-dessus, un astre. ℞. Silphium ; à g., ΚΥΡΑ ; à dr. un monogr. Demi-statère. Or. TB. *V. pl.* VIII.

ZEUGITANE

225 CARTHAGE. Tête de Déméter couronnée d'épis à g. ℞. Cheval debout à dr. Quart de statère. Or. TB. *V. pl.* VIII.

226 Tête de Déméter couronnée d'épis à g. ℞. Cheval debout à dr.; au-dessus, un disque radié accosté de deux uréus. Double statère. Electrum. TB. *V. pl.* VIII.

227 — Même droit. ℞. Cheval debout à dr. Statère. Or. TB. Rare. *V. pl.* VIII.

228 — La même pièce d'un autre coin. Statère. Electrum. TB.

229 Tête de Perséphone à g. ℞. Cheval debout à dr. ; dessous, un point. Demi-drachme. Arg. TB.

MAURITANIE

230 *Juba II.* REX IVBA· Sa tête diadémée, à dr. ℞. Corne d'abondance avec bandelettes et un sceptre en sautoir. Denier. Arg. TB.

231 *Juba II et Cléopâtre.* REX IVBA· Sa tête diadémée à dr. ℞. ΒΑϹΙΛΙϹϹΑ ΚΛΕΟΠΑΤΡΑ· Le symbole d'Isis et le sistre. Denier. Arg. TB.

232 Même droit. ℞. ΚΛΕΟΠΑΤΡ ΒΑϹΙΛΙϹϹΑ· Crocodile à g. Denier. Arg. TB. *V. pl.* VIII.

233 Même droit. ℞. ΒΑϹΙΛΙϹϹΑ ΚΛΕΟΠΑΤΡΑ· Astre sur un croissant. Denier Arg. TB.

MONNAIES ROMAINES [1]

234 **Pompée**. CN. PISO. PRO. Q. Tête de Numa Pompilius à dr. avec NVMA sur le diadème. ℞. MAGN. PRO. COS. Proue à dr. (Cohen 4). Arg. TB.

235 **Jules César**. CAES. DIC. QVAR. Buste diadémé de Vénus à dr. ℞. COS. QVINC. dans une couronne de laurier (20). Or. B. Rare.

236 S. C. Tête laurée de César à dr. TI. SEMPRONIVS. GRACCVS. Q. DESIG. Enseigne militaire, aigle, charrue et sceptre (47). Arg. FDC.

237 **J. César et Octave**. DIVOS. IVLIVS. Tête laurée de César à dr. ℞. CAESAR. DIVI. F. Tête nue d'Octave à dr. (3). GB. B. Rare.

238 **Brutus**. Brutus marchant à g. entre deux licteurs ; dessous, ΚΟΣΩΝ ℞. Aigle à g. sur un sceptre, tenant une couronne dans la serre dr. (frappé à Cossea). Or. TB.

239 **Marc Antoine et Octave**. M. ANT. IMP. AVG. III. VIR. R. P. C. M. BARBAT. Q. P. Sa tête nue à dr. ℞. CAESAR. IMP. PONT. III. VIR. R. P. C. Tête nue d'Octave à dr. (8). Arg. TB.

240 **Lucius et Marc Antoine**. L. ANTONIVS. COS. Tête nue de Lucius à dr. ℞. M. ANT. IMP. AVG. III. VIR. R. P. C. M. NERVA. PRO. Q. P. Tête nue de M. Antoine à dr. (2). Arg. TB.

241 **Auguste**. CAESAR. AVGVSTVS. DIVI. F. PATER. PATRIAE. Sa tête laurée à dr. ℞. C. L. CAESARES. AVGVSTI. F. COS. DESIG. PRINC. IVVENT. Caïus et Lucius debout (42). Or. TB.

242 IMP. CAESAR. Sa tête nue à dr. ℞. AVGVSTVS et capricorne dans une couronne de laurier (16). Arg. Médaillon. TB.

243 Même droit. ℞. AVGVSTVS. Autel enguirlandé, orné de deux cerfs (33). Arg. Médaillon. TB.

244 Victoire à dr. sur une proue. ℞. IMP. CAESAR. Octave dans un quadrige à dr. (115). Arg. TB.

245 CAESAR. AVGVSTVS. Sa tête nue à dr. ℞. OB. CIVIS. SERVATOS dans une couronne de chêne (208). Arg. TB.

246 DIVVS. AVGVSTVS. S. C. Sa tête radiée à g. ℞. CONSENSV. SENAT. ET. EQ. ORDIN. P. Q. R. Auguste assis à g. (87). MB. TB.

247 **Livie**. SALVS. AVGVSTA. Buste de Livie à dr. ℞. TI. CAESAR. DIVI. AVG. P. M. TR. POT. XXIIII. Dans le champ, S.-C. (5). MB. TB.

248 **Tibère**. TI. CAESAR. DIVI. AVG. F. AVGVSTVS. Sa tête laurée à dr. ℞. PONTIF. MAXIM. Livie assise à dr. (15). Or. TB.

249 **Néron Drusus**. NERO. CLAVDIVS. DRVSVS. GERMANICVS. IMP. Sa tête nue à

1. Les numéros entre parenthèses se rapportent à l'ouvrage de H. Cohen, *Description historique des monnaies frappées sous l'empire romain*, 2e édition. Paris, 1880-92, 8 vol. in-8.

g. ℞. TI. CLAVDIVS. CAESAR. AVG. P. M. TR. P. IMP. P. P. S. C. Claude entouré d'armes, assis à g. (8). GB. B.

250 **Antonia**. ANTONIA. AVGVSTA. Son buste couronné d'épis à dr. ℞. CONSTANTIAE. AVGVSTI. Cérès debout (1). Or. Très belle et rare pièce. *V. pl.* VIII.

251 Même lég. Son buste en cheveux, à dr. ℞. TI. CLAVDIVS. CAESAR. AVG. P. M. TR. P. IMP. S. C. Antonia voilée debout (6). MB. TB. *V. pl.* X.

252 **Germanicus**. GERMANICVS. CAESAR. Germanicus dans un quadrige à dr. ℞. SIGNIS. RECEPT. DEVICTIS. GERM. S. C. Germanicus debout à g. (7). MB. TB.

253 **Néron et Drusus**. NERO. ET. DRVSVS CAESARES. Néron et Drusus galopant à dr. ℞. C. CAESAR. AVG. GERMANICVS. PON. M. TR. POT. Dans le champ, S. C. (1). MB. TB.

254 **Agrippine mère et Caligula**. AGRIPPINA. MAT. C. CAES. AVG. GERM. Son buste à dr. ℞. C. CAESAR. AVG. PON. M. TR. POT. III. COS. III. Sa tête laurée à dr. (6). Arg. TB.

255 **Caligula**. C. CAESAR. AVG. PON. M. TR. POT. III. COS. III. Sa tête laurée à dr. ℞. S. P. Q. R. P. P. OB. C. S. dans une couronne de chêne (20). Or.

256 C. CAESAR. AVG. GERMANICVS. PON. M. TR. POT. Sa tête nue à g. ℞. VESTA. S. C. Vesta assise à g. (27). MB. TB.

257 **Caligula et Auguste**. C. CAESAR. AVG. GERM. P. M. TR. POT. Sa tête laurée à dr. ℞. DIVVS. AVG. PATER. PATRIAE. Sa tête radiée à dr. (1). Or. Très beau. Rare. *V. pl.* VIII.

258 **Claude I**. TI. CLAVD. CAESAR. AVG. P. M. TR. P. III. Sa tête laurée à dr. ℞. IMPER. RECEPT. Camp prétorien et soldat debout près d'une enseigne (42). Or. TB. *V. pl.* VIII.

259 TI. CLAVD. CAESAR. AVG. P. M. TR. P. VI. IMP. XI. Même tête. ℞. S. P. Q. R. P. P. OB. C. S. dans une couronne de chêne (86). Or. TB.

260 TI. CLAVDIVS. CAESAR. AVG. P. M. TR. P. IMP. P. P. Sa tête nue à g. ℞. S. C. Pallas combattant à dr. (84). MB. TB.

261 **Agrippine et Néron**. AGRIPP. AVG. DIVI. CLAVD. NERONIS. CAES. MATER. Buste d'Agrippine et tête nue de Néron en regard. ℞. NERONI. CLAVD. DIVI. F. CAES. AVG. GERM. IMP. TR. P. Couronne de chêne avec EX. S. C. (7). Arg. TB.

262 **Néron**. NERONI. CLAVDIO. DRVSO. GERM. COS. DESIGN. Son buste jeune, drapé, à dr. ℞. EQVESTER. ORDO. PRINCIPI. IVVENT. sur un bouclier (96). Or. TB. Rare. *V. pl.* VIII.

263 NERO. CAESAR. AVGVSTVS. Sa tête laurée à dr. ℞. SALVS (à l'exergue). La Santé assise à g. (313). Or. TB.

264 IMP. NERO. CAESAR. AVG. P. P. Même tête. ℞. SALVS (dans le champ). Même type (320). Arg. TB.

265 NERO.CLAVD.CAESAR.AVG.GER.P.M.TR.P.IMP.P.P. Sa tête laurée à dr. ℞. DECVRSIO.S.C. Néron et un soldat galopant à droite (86 var.). GB. Très belle pièce. Rare. *V. pl.* X.

266 NERO.CLAVD.CAESAR.AVG.GER.P.M.TR.P.IMP.P.P.P. Sa tête laurée à g. ℞. PACE.P.R.TERRA.MARIQ.PARTA.IANVM.CLVSIT.S.C. Temple de Janus fermé, avec la porte à dr. (144). GB. Très beau.

267 **Galba.** IMP.SER GALBA.AVG. Sa tête nue à dr. ℞. S.P.Q.R.OB.C.S. dans une couronne de chêne (286). Or. B.

268 SER.GALBA.IMP.CAESAR.AVG.P.M.TR.P. Sa tête laurée à dr. ; dessous. un globe. ℞. DIVA.AVGVSTA. Livie debout à g. (48). Arg. TB.

269 SER.GALBA.IMP.CAES.AVG. Son buste lauré, drapé à dr. ℞. S.P.Q.R OB.CIV.SER. dans une couronne de chêne (289). GB. TB.

270 **Othon.** IMP.OTHO.CAESAR.AVG.TR.P. Sa tête nue à dr. ℞. SECVRITAS. P.R. La Sécurité debout à g. (15). Arg. B.

271 **Vitellius.** A.VITELLIVS.GERMAN.IMP.AVG.P.M.TR.P. Sa tête laurée à dr. ℞. PAX.AVGVSTI.S.C. La Paix debout à g. (63). GB. B. Rare.

272 **Vespasien.** IMP.CAESAR.VESP.AVG.CENSOR. Sa tête laurée à dr. ℞. VESTA. Temple tétrastyle ; au milieu et de chaque côté, une statue (580 varié). Or. FDC. Très rare. *V. pl.* VIII.

273 IMP.CAES.VESPASIAN.AVG.P.M.TR.P.P.P.COS.III. Sa tête laurée à dr. ℞. IVDEA.CAPTA.S.C. Palmier entre Vespasien debout et la Judée en pleurs assise. (239) GB. B.

274 **Vespasien, Titus et Domitien.** IMP.CAESAR.VESPASIANVS.AVG. Sa tête laurée à dr. ℞. CAESAR.AVG.F.COS.CAESAR.AVG.F.PR. Têtes nues de Titus et de Domitien en regard (5). Arg. B.

275 **Titus.** T.CAESAR.IMP.VESPASIAN. Sa tête laurée à dr . COS.IIII. Taureau cornupète à dr. (48). Or. FDC. *V. pl.* VIII.

276 T.CAES.VESPASIAN.IMP.PON.TR.POT.COS.II. Sa tête laurée à dr. ℞. IVDAEA.CAPTA.S.C. Palmier entre Titus debout, et la Judée en pleurs assise (113). GB (de la collection du Duc de Modène). TB.

277 T.CAES.IMP.PON.TR.P.COS.II.CENS. Sa tête laurée à dr. ℞. VICTORIA. NAVALIS.S.C. Victoire à dr. sur une proue (386). MBTB.

278 **Julie**. *Fille de Titus.* IVLIA.IMP.T.AVG.F.AVGVSTA. Son buste à dr. avec chignon. ℞. VESTA.S.C. Vesta assise à g. (18). MB. B. Rare.

279 **Domitien**. DOMITIANVS. AVGVSTVS. Sa tête laurée à dr. ℞. GERMANICVS. COS.XIIII. Domitien dans un quadrige à g. (146). Or. TB. Rare. *V. pl.* VIII.

280 IMP.CAES.DOMITIANVS.AVG.P.M. Sa tête laurée à dr. ℞. TR.POT.IMP.II. COS.VIII.DES.VIIII.P.P. Buste casqué de Pallas à g. avec l'égide (608). Or. Beau.

281 Pégase à dr. (47). — Pallas debout avec haste (192). — Pallas sur un vaisseau (284). — Ens. 3 p. Arg. TB.

282 IMP.CAES.DOMIT.AVG.GERM.COS.XIII.CENS.PER.P.P. Son buste lauré à dr. ℞. GERMANIA.CAPTA.S.C. Trophée entre une Germaine assise et un captif debout (137). GB. B. Rare.

283 Même lég. avec COS.XIIII. et même tête. ℞. VIRTVTI.AVGVSTI.S.C. La Valeur debout à dr. (655). MB. TB.

284 **Domitia**. IMP.DOMIT.AVG.GERM.COS.XI. Buste de Domitia couronnée d'épis à g. ℞. S.C. Corbeille remplie d'épis (14). PB. TB.

285 **Nerva**. IMP.NERVA.CAES.AVG.P.M.TR P.COS.III.P.P. Sa tête laurée à dr. ℞. CONCORDIA.EXERCITVVM. Deux mains jointes tenant une aigle légionnaire sur une proue (28). Or. B. Rare.

286 Même droit. ℞. LIBERTAS PVBLICA. La Liberté deb. (113). Arg. TB.

287 La même médaille avec S.C. (114). GB. B.

288 **Trajan**. IMP.TRAIANO.AVG.GER.DAC.P.M.TR.P. Son buste lauré, drapé à dr. ℞. COS.V.P.P.S.P.Q.R.OPTIMO.PRINC. L'Arabie debout à g.; à ses pieds, un chameau (88). Or. B.

289 L'Équité debout à g. (85). — La Fortune assise à g. (150). — L'Abondance debout à g. (467). — Ens. 3 p. Arg. TB.

290 IMP.CAES.NERVAE.TRAIANO.AVG.GER.DAC.P.M.TR. P.COS. VI.P. P. Son buste lauré à dr. avec l'égide. ℞. S.P.Q.R.OPTIMO.PRINCIPI.S.C. Mars marchant à dr., portant un trophée (373 var.). GB. TB.

291 Même lég. avec COS.V. Même buste. ℞. Même lég. La Paix debout à g., tenant une branche d'olivier et une corne d'abondance, posant le pied sur un Dace vu à mi-corps (407). GB. TB.

292 Même lég. Son buste lauré, drapé à g. ℞. Même lég. Trajan galopant à dr., foulant aux pieds un ennemi (manque à Cohen). GB. B. Rare.

293 **Adrien**. HADRIANVS AVGVSTVS. Son buste lauré à dr. ℞. COS.III. La louve à g., allaitant les jumeaux (422). Or. TB. *V. pl.* IX.

294 HADRIANVS AVG.COS.III.P.P. Son buste nu à g. ℞. Le Nil couché à g., tenant une corne d'abondance, le bras g. appuyé sur un sphinx; devant, un hippopotame ; dessous, un crocodile (manque à Cohen). Or. Superbe pièce à FDC. Extrêmement rare. *V. pl.* IX.

295 Génie sacrifiant à g. (335). — La Paix debout à g. (1140). — Adrien sacrifiant à g. (1481). — Ens. 3 p. Arg. TB.

296 HADRIANVS.AVGVSTVS.P.P. Son buste lauré à dr. ℞. HILARITAS.P.R.COS. III.S.C L'Allégresse en robe longue, debout à g. entre deux enfants (819). GB. TB.

297 **Sabine**. SABINA.AVGVSTA. Son buste diadémé à dr. avec la queue. ℞. VENERI.GENETRICI. Vénus debout à dr. (73). Arg. TB.

298 SABINA.AVGVSTA.HADRIANI.AVG.P.P. Même buste. ℞. PIETAS.AVG.S.C. ℞. La Piété debout à g. entre deux jeunes filles (52). GB. TB.

299 **Ælius.** L.AELIVS.CAESAR. Sa tête nue à dr. ℞. TR.POT.COS.II. L'Espérance marchant à g. (55). Arg. TB.

300 **Antonin.** ANTONINVS.AVG.PIVS.P.P.TR.P.XII. Sa tête laurée à dr. ℞. COS.IIII. L'Équité debout à g. (239). Or. B.

301 La Clémence debout à g. (124). — CONSECRATIO. Aigle sur un autel, regardant à g. (155). — Ens. 2 p. Arg. TB.

302 ANTONINVS.AVG.PIVS P.P.TR.P.XXIII. Sa tête laurée à dr. ℞. PIETATI. AVG.COS.IIII.S.C. La Piété debout à g. entre deux enfants, tenant un globe et un enfant (621). GB. Très belle pièce. Patine noire.

303 **Faustine mère.** DIVA.FAVSTINA. Son buste voilé à dr. ℞. AETERNITAS. L'Éternité voilée debout à g., tenant une patère et un gouvernail posé sur un globe (3). Or. Pièce de beau style. FDC. Rare. *V. pl.* IX.

304 Même lég. Son buste à dr., sans voile. ℞. AVGVSTA. Même type de l'Éternité (manque à Cohen). Or. Joli style. TB. *V. pl.* IX.

305 Même lég. et buste. ℞. Même lég. Femme diadémée debout à g. étendant la main dr. et relevant sa robe de la g. (127). Or. B.

306 Cérès debout à g. (78). — CONSECRATIO. Paon à dr. (175). — Ens. 2 p. Arg. TB.

307 DIVA FAVSTINA. Son buste voilé à dr. ℞. AETERNITAS.S.C. L'Éternité assise à g., tenant un globe avec un phénix et un sceptre (17). GB. Très beau. Rare. *V. pl.* X.

308 **Marc Aurèle.** AVRELIVS.CAESAR.AVG.P.II.F.COS.II. Sa tête jeune, nue à dr. ℞. HILARITAS. L'Allégresse debout à g. (233). Or. Très belle pièce. *V. pl.* IX.

309 M.ANTONINVS.AVG.ARM.PARTH.MAX. Son buste lauré, drapé à dr. ℞. TR.P.XX.IMP.IIII.COS.III. Victoire de face, posant un bouclier avec VIC.PAR. sur un palmier (877). Or. TB.

310 La Piété debout à g. (463). — L'Équité debout à g. (882). — La Paix debout à g. (937). — Ens. 3 p. Arg. TB.

311 Victoire à g. portant une palme (949). — La même portant un trophée (979.) — L'Empereur sacrifiant à g. (1031). — Ens. 3 p. Arg. TB.

312 AVRELIVS.CAESAR.AVG.PII F. Sa tête jeune, nue à dr. ℞. HONOS. TR.POT.II.COS.II.S.C. L'Honneur debout à dr. (239). MB. TB. Belle patine.

313 M.AVREL.ANTONINVS.AVG.P.M. Sa tête laurée à dr. ℞. TR.P.XVIII. IMP.II.COS.III.S.C. Victoire marchant à g., portant une palme (859). GB. TB. Patine noire. *V. pl.* X.

314 **Faustine jeune.** FAVSTINA.AVGVSTA. Son buste à dr. ℞. SALVTI. AVGVSTAE. La Santé assise à g., nourrissant un serpent (198). Or. B.

315 CONSECRATIO. Paon (70). — Autel (75). — Ens. 2 p. Arg. TB.

316 DIVA.FAVSTINA.PIA. Son buste à dr. ℞. AETERNITAS.S.C. L'Éternité

debout à g., tenant un globe avec un phénix et accoudée à une colonne (6). GB. TB.

317 **Lucius Verus**. Victoire marchant à g. (295). — L'Équité debout à g. (297). — Ens. 2 p. Arg. TB.

318 IMP.CAES.L.AVREL.VERVS.AVG. Sa tête laurée à dr. ℞. FORT.RED.TR. POT.III.COS.II.S.C. La Fortune assise à g. (95). GB. Très belle pièce. *V. pl.* X.

319 **Lucille**. LVCILLAE.AVG.ANTONINI.AVG.F. Son buste à dr. ℞ VENVS. Vénus debout à g. tenant une pomme et un sceptre (69). Or. FDC. *V. pl.* IX.

320 Même droit. ℞. PIETAS.S.C. La Piété debout à g. près d'un autel (54). GB. Très beau.

321 **Commode**. La Fortune assise à g. (150). — La Libéralité debout à g. (311). — La Paix debout à g. (928). — Ens. 3 p. Arg. TB.

322 L.AEL.AVREL COMM.AVG.P.FEL. Son buste à dr. avec la peau de lion. ℞. HERCVLI.ROMANO.AVGV.S.C. Arc, massue et carquois (199). GB. Très belle pièce. *V. pl.* X.

323 **Crispine**. CRISPINA.AVGVSTA. Son buste à dr. ℞. VENVS. Vénus debout à g., tenant une pomme et ramenant son vêtement (35). Arg. FDC.

324 Mêmes types avec S.C. (37). MB. Très beau.

325 **Dide Julien**. IMP.CAES.M.DID.SEVER.IVLIAN.AVG. Sa tête laurée à dr. ℞. P.M.TR.P.COS.S.C. La Fortune debout à g. 12). GB. B. Rare.

326 **Albin**. IMP.CAES.D.CLO.SEP.ALB.AVG. Sa tête laurée à dr. ℞. VICT. AVG.COS.II. Victoire marchant à dr (79). Arg. TB.

327 **Septime Sévère**. SEVERVS.PIVS.AVG. Sa tête laurée à dr. ℞. RESTITVTOR. VRBIS. Rome assise à g., tenant le palladium et un sceptre; sous le siège, un bouclier (605). Or. FDC. *V. pl.* IX.

328 Pallas debout à g. (390 var.). — La Santé assise à g. (548). — Rome assise à g. (606). — L'Empereur sacrifiant à g. (791). – Ens. 4 p. Arg. TB.

329 L.SEPT.SEV.PERT.AVG.IMP.VIII. Son buste lauré, drapé et cuirassé à dr. ℞. ADVENTVI.AVG.FELICISSIMO.S.C. Sévère en pacificateur, à cheval à dr., précédé par un soldat qui tient les rênes (8). GB. TB.

330 Même droit. ℞. FORTVNAE.REDVCI.S.C. La Fortune assise à g. (193). GB. TB.

331 **Septime Sévère et Julie**. SEVERVS.AVG.PART.MAX. Son buste lauré à dr. avec l'égide. ℞. IVLIA.AVGVSTA. Buste de Julie à dr. (1). Or. FDC. Superbe pièce, très rare. *V. pl.* IX.

332 **Julie Domne**. IVLIA.DOMNA.AVG. Son buste à dr. ℞. VENERI.VICTR.

Vénus à demi nue, vue de dos, tenant une pomme et une palme, et accoudée à une colonne (193). Or. Très beau. *V. pl.* IX.

333 IVLIA.PIA.FELIX.AVG. Son buste à dr. ℞. MAT.AVGG.MAT.SEN.M.PATR. S.C. Julie assise a g. (112) GB. TB.

334 Cybèle assise à g. entre deux lions (123). — La Piété debout à g. (156). — Ens. 2 p. Arg. TB.

335 **Caracalla**. IMP.CAE.M.AVR.ANT.AVG.P.TR.P. Son buste jeune lauré, drapé et cuirassé à dr. ℞. MINER.VICTRIX. Minerve nicéphore debout à g.; derrière elle, un trophée (158). Or. FDC. *V. pl.* XI.

336 M.AVREL.ANTONINVS.PIVS.AVG.BRIT. Son buste lauré, drapé et cuirassé à dr. ℞. PROVIDENTIAE.DEORVM.S.C. La Providence debout à g. (531). GB. TB.

337 **Plautille**. PLAVTILLAE.AVGVSTAE. Son buste à dr. ℞. CONCORDIAE. La Concorde assise à g. (7). Arg. FDC.

338 PLAVTILLA.AVGVSTA. Même buste. ℞. VENVS.VICTRIX. Vénus debout à g., appuyée sur un bouclier ; devant elle, Cupidon (25). Arg. FDC.

339 **Géta**. Pallas debout à g. (104). — Génie sacrifiant à g. (114). — Géta debout à g.; derrière, un trophée (157). — Ens. 3 p. Arg. TB.

340 **Macrin**. IMP.C.M.OPEL.SEV.MACRINVS.AVG. Son buste lauré, cuirassé à dr. ℞. AEQVITAS.AVG. L'Équité debout à g. (2). Arg. TB.

341 IMP.CAES.M.OPEL.SEV.MACRINVS AVG. Même buste. ℞. IOVI.CONSERVATORI.S.C. Jupiter nu debout à g., tenant un foudre et un sceptre; devant lui, Macrin debout (39). GB. Magnifique pièce. *V. pl.* X.

342 **Diaduménien**. M.OPEL.ANT.DIADVMENIAN.CAES. Son buste nu, drapé à dr. ℞. PRINC.IVVENTVTIS. Diaduménien debout, et trois enseignes (3). Arg. TB.

343 M.OPEL.ANTONINVS.DIADVMENIANVS.CAES. Même buste. ℞. Même revers avec S.C.(7). GB.

344 **Elagabale**. La Paix marchant à g. (120). — La Santé debout à dr. (254). — Elagabale sacrifiant à g. (276). — Ens. 3 p. Arg. TB.

345 **Julia Paula**. IVLIA PAVLA.AVG. Son buste à dr. ℞. VENVS.GENETRIX. Vénus assise à g. (21). Arg. FDC.

346 **Aquilia Severa**. IVLIA.AQVILIA. SEVERA. AUG. Son buste à dr. ℞. CONCORDIA. La Concorde sacrifiant à g. (2). Arg. TB.

347 **Soémias**. IVLIA.SOAEMIAS.AVG. Son buste à dr. ℞. VENVS.CAELESTIS. Vénus assise à g.; à ses pieds, un enfant (14). Arg. TB.

348 **Alexandre Sévère**. L'Abondance debout à g. (29). — La Paix debout à g. (183). — Mars debout à g. (231). — Ens. 3 p. Arg. TB.

349 IMP.SEV.ALEXANDER.AVG. Sa tête laurée à dr. ℞. VICTORIA.AVGVSTI.S.C Victoire à dr., écrivant VOT.X. sur un bouclier (567). GB. TB.

349 *bis*. IMP.ALEXANDER.PIVS.AVG. Son buste lauré, drapé à dr. ℞. SPES. PVBLICA.S.C. L'Espérance marchant à g. (550). MB. TB.

350 **Orbiane.** SALL.BARBIA.ORBIANA.AVG. Son buste à dr. ℞. CONCORDIA. AVGG. La Concorde assise à g. (1). Arg. FDC.

351 Même droit. ℞. CONCORDIA.AVGVSTORVM.S.C. Même revers (5). MB. TB.

352 **Mamée.** Junon debout à g. (35). — Vesta debout à g. (85). — Ens. 2 p. Arg. TB.

353 IVLIA.MAMAEA.AVGVSTA. Son buste à dr. ℞. FELICITAS.PVBLICA.S.C. La Félicité debout à g. (21). GB. TB.

354 **Maximin I.** La Paix debout à g. (31). — L'Empereur à g. entre deux enseignes (46). — La Santé à g. (85). — Ens. 3 p. Arg. TB.

355 MAXIMINVS.PIVS.AVG.GERM. Son buste lauré, drapé à dr. ℞. VICTORIA. GERMANICA.S.C. Victoire debout à g. (109). GB. TB.

356 **Pauline.** DIVA.PAVLINA. Son buste voilé à dr. ℞. CONSECRATIO.S.C. Pauline assise sur un paon (3). GB. TB. Rare. *V. pl.* X.

357 **Maxime.** MAXIMVS.CAES.GERM. Son buste nu, drapé à dr. ℞. PRINCIPI IVVENTVTIS.S.C. Maxime debout à g., et deux enseignes (14). GB. B.

358 **Gordien d'Afrique père.** IMP.CAES.M.ANT.GORDIANVS.AFR.AVG. Son buste lauré, drapé à dr. ℞. VICTORIA.AVGG.S.C. Victoire marchant à g. (14). GB. B. Rare.

359 **Gordien d'Afrique fils.** IMP.M.ANT.GORDIANVS.AFR.AVG. Son buste lauré, drapé à dr. ℞. VIRTVS AVGG. La Valeur debout à g. (14). Arg. TB. Très rare. *V. pl.* IX.

360 **Balbin.** IMP.C.D.CAEL.BALBINVS.AVG. Son buste lauré, drapé à dr. ℞. PROVIDENTIA.DEORVM La Providence debout à g. (23). Arg. FDC.

361 IMP.CAES.D.CAEL.BALBINVS.AVG. Même buste. ℞. CONCORDIA.AVGG. S.C. La Concorde assise à g. (4). GB. B.

362 **Pupien.** IMP.CAES.M.CLOD.PVPIENVS.AVG. Son buste lauré, drapé à dr. ℞. PAX.PVBLICA.S.C. La Paix assise à g. (23). GB. TB. Patine verte.

363 **Gordien III.** IMP.GORDIANVS.PIVS.FEL.AVG. Son buste lauré, drapé à dr. ℞. MARTEM.PROPVGNATOREM.S.C. Mars marchant à dr. (161). GB. TB.

364 **Philippe père.** IMP M.IVL.PHILIPPVS.AVG. Son buste lauré, drapé à dr. ℞. ANNONA.AVGG.S.C. L'abondance debout à g. (26). GB. TB.

365 **Otacilie.** MARCIA.OTACIL.SEVERA.AVG. Son buste à dr. ℞. CONCORDIA AVGG.S.C. La Concorde assise à g. (10) GB. TB.

366 **Philippe fils.** IMP.M.IVL.PHILIPPVS.AVG. Son buste lauré, drapé à dr. ℞. PAX.AETERNA.S.C. La Paix debout à g. (27). GB. B. Patine verte.

367 **Pacatien**. IMP.TI.CL.MAR.PACATIANVS.P.F.AVG. Son buste radié, drapé à dr. ℞. PAX.AETERNA. La Paix debout à g. tenant une branche d'olivier et un sceptre transversal (6). Arg. Beau. De la plus grande rareté *V. pl.* IX.

368 **Trajan Dèce**. IMP.C.M.Q.TRAIANVS.DECIVS.AVG. Son buste lauré, cuirassé à dr. ℞. GENIVS.EXERC.ILLYRICIANI. Génie debout à g.; derrière, une enseigne militaire (48). Or. Trouée. TB. *V. pl.* IX.

369 **Etruscille**. HERENNIA. ETRVSCILLA.AVG. Son buste à dr. ℞. PVDICITIA. AVG.S.C. La Pudeur assise à g. (22). GB. B. Patine verte.

370 **Aurélien**. IMP.C.DOM.AVRELIANVS.AVG. Son buste radié, cuirassé à dr. ℞. CONCORDIA.AVG. La Concorde assise à g. (31). Or. TB avec bélière antique.

371 **Aurélien et Sévérine**. IMP. AVRELIANVS.AVG. Son buste radié, cuirassé à dr. ℞. SEVERINA.AVG. Son buste à dr. sur le croissant (1). GB. TB.

372 **Dioclétien**. DIOCLETIANVS.AVGVSTVS. Sa tête laurée à dr. ℞. COS. IIII. Dioclétien à cheval au pas à dr., levant la main dr. (55). Or. FDC. *V. pl.* IX.

373 DIOCLETIANVS. P. F. AVG. Même tête. ℞. IOVI. CONSERVATORI. Jupiter assis à g.; à ses pieds, un aigle; au bas, PROM. (266). Or. FDC. *V. pl.* IX.

374 **Maximien Hercule**. MAXIMIANVS. AVGVSTVS. Sa tête laurée à dr. ℞. CONCORDIAE. AVGG. NN. Les deux empereurs assis à g.; au-dessus, une Victoire les couronne (47). Or. FDC. *V. pl.* IX.

375 **Constantin I**. D. N. CONSTANTINVS. P. F. AVG. Son buste lauré, cuirassé à dr. ℞. VICTORIA. CONSTANTINI. AVG. Victoire assise à dr., écrivant VOT. XXX sur un bouclier que lui présente un génie (614 var.). Or. quinaire. FDC. Rare. *V. pl.* IX.

376 **Constant I**. CONSTANS. AVGVSTVS. Son buste diadémé, drapé à dr. ℞. VICTORIAE. DD. NN. AVGG. Deux Victoires tenant une couronne renfermant VOT. X. MVLT.XX. Au bas, TR. (171). Sou d'Or. FDC. *V. pl.* IX.

377 **Jovien**. D. M. IOVIANVS. P. F. PERP. AVG. Son buste diadémé, drapé à dr. ℞. SECVRITAS. REIPVBLICAE. Rome et Constantinople assises de face, soutenant un bouclier avec VOT. V. MVL. X.; au bas, CONSP. (10). Sou d'Or. TB. Rare. *V. pl.* IX.

378 **Honorius**. D. N. HONORIVS. P. F. AVG. Son buste diadémé, drapé à dr. ℞. VICTORIA. AVGGG. Honorius debout à dr., mettant le pied sur un captif: dans le champ, MD; au bas, COMOB. (44). Sou d'Or. TB.

379 **Placidie**. D.N.GALLA.PLACIDIA.P.F.AVG. Son buste diadémé à dr., une croix sur l'épaule. ℞. SALVS.REIPUBLICAE. Couronne avec le chrisme; au bas, COMOB (10). Or, quinaire. TB. Très rare. *V. pl.* IX.

380 **Majorien**. D.N.IVLIVS.MAIORIANVS.P.F.AVG. Son buste casqué à dr., tenant une haste et un bouclier. ℞. VICTORIA. AVGGG. Majorien de face, posant le pied sur un serpent androcéphale ; dans le champ, AR ; (Arles), au bas, COMOB (1). Sou d'or. FDC.V. *pl.* IX.

381 **Arcadius**. D.N.ARCADIVS.P.F.AVG. Son buste diadémé, drapé à dr. ℞. VICTORIA.AVGGG. Arcadius debout à dr., le pied sur un captif (Sabatier, pl. IV, 2). Sou d'or. FDC.

382 **Marcien**. D.N.MARCIANVS.P.F.AVG. Son buste casqué de face avec lance et bouclier. ℞. VICTORIA.AVGGGO. Victoire crucifère à g. (S., pl. VI, 6). Sou d'or. TB.

383 **Pulchérie**. AEL.PULCHERIA.AVG. Son buste diadémé à dr., couronné par une main. ℞. VOT.XXX.MULT.XXXX. Rome assise à g.; derrière elle, un bouclier ; au bas, COMOB (S., pl. VI, 15). Sou d'or. AB. Rare.

384 **Basilisque**. D.N.BASILISCVS.PP.AVG. Son buste casqué et armé de face. ℞. VICTORIA.AVGGG. Victoire crucifère à g. (S., pl. VIII, 14). Sou d'or. B.

385 **Justinien I**. Son buste casqué de face, tenant un globe. ℞. VICTORIA. AVGGGO. Victoire de face (S., pl. XII, 3). Sou d'or. FDC.

MONNAIES D'OR

386 **Angleterre**. *Elisabeth* (1558-1602). ELIZABETH : D'.G'.ANG'.—FRA'.ET : HIB'.REGINA : La reine assise de face entre deux colonnes ; au bas, une herse. ℟. A.DNO : FACTV : EST.ISTVD.ET.EST.MIRAB'.IN.OCVLIS. NRS. Écu écartelé de France et d'Angleterre au centre d'une rose. Sovereign. Or. Belle pièce. Rare.

387 *Jacques I* (1603-1625). IACOBVS.D : G : MAG : BRIT.FRAN.ET.HIB'.REX. Son buste couronné et armé à dr. tenant un sceptre et un globe. ℟. Écu couronné écartelé, accosté de I-R. Unite. Or. B.

388 — Même lég. avec BRI. Son buste lauré, drapé à g.; derrière, XX. ℟. Écu couronné, écartelé, posé sur une croix. Unite. Or. TB.

389 **Écosse**. *Jacques VI* (1566-1625). IACOBVS.G.D.G.R.SCOTORVM. Écu couronné. ℟. SALVS.POPVLI.SVPREMA.LEX. Épée et sceptre en sautoir sous une couronne, entre deux chardons ; au bas, 1602. Six pound piece. Or. TB.

390 **Brabant**. *Philippe II* (1556-1598). .PHS.D.G.HISP.ANG.Z.REX.DVX. BRAB. Son buste couronné et cuirassé à dr. ℟. DOMINVS.MICHI.ADIVTOR. Écu couronné avec le collier de la Toison d'or. Réal. fr. à Anvers. Or. Très belle pièce.

391 *Philippe IV* (1621-1665). PHIL.IIII.D.G.HISP.ET.INDIAR.REX. Son buste couronné, fraisé et cuirassé à dr.; au-dessus, 1630. ℟. ARCHID.AVST. DVX.BVRG.BRAB.Z^c. Écu couronné avec le collier. Double souverain fr. à Bruxelles. Or. Superbe. Rare dans cet état.

392 **Flandre**. *Louis II de Mâle* (1346-1384). + AGN : DEI, etc. Agneau porte-bannière à g.; dessous, LVD CO'.F. ℟. +XP ⁑ VINCIT. etc. Croix cantonnée de quatre aigles, dans un quadrilobe. Mouton. Or. TB.

393 LVDOVICVS : DEI.GRA : COM.Z : DNS : FLANDRIE. Lion heaumé assis sur une estrade à g.; au bas, FLANDRES. ℟. +BENEDICTVS ⁝ QVI ⁝ VENIT ⁝ IN ⁝ NOMINE ⁝ DOMINI. Croix cantonnée de F-L-A-N. Lion. Or. Extrêmement beau.

394 *Philippe le Bon* (1419-1467). + PHS ⁝ DEI ⁝ GRA ⁝ DVX ⁝ BVRG ⁝ Z ⁝ COMES ⁝ FLANDRIE. Le duc armé, au galop à dr.; dessous, ×FLAD× ℟. +SIT ⁝ NOMEN : etc. sur une croix. Rydder. Or. Très belle pièce.

395 *Albert et Isabelle* (1598-1621). + ALBERTVS.ET.ELISABET.DEI.GRATIA. ARCHI.DVCES. Les deux Archiducs assis de face ; au bas, 1613. ℟. AVSTRIÆ.DVCES.BVRGVNDIÆ. ET. COMIT. FLA. Écu couronné avec la Toison d'Or. Double souverain. Or. Très belle pièce.

396 **Hollande.** CONCORDIA.RES.PAR.CRES.HOL. Chevalier debout à dr. 1767. ℟. MO : ORD : PROVIN.FOEDER BELG.AD LEG.IMP.dans un cartouche carré. Double ducat. Or. FDC.

397 **France.** *Philippe VI* (1328-1350). Le roi tenant une épée et un écu assis sur un siège gothique. ℟. Croix dans un quadrilobe (Hoffmann, 3). Écu. Or. TB.

398 *Charles VII* (1422-1461). Écu couronné entre deux lis couronnés. Croix fleuronnée. Tours (H. 6). Écu à la couronne. Or. TB.

399 **Provence.** *Jeanne de Naples* (1343-1382). IOAN.REG.PRO.FOIC.IHRG.SICL. Roi debout sur un champ de lis. ℟. Croix dans un quadrilobe. Franc-à-pied. Or. Très beau.

400 **Besançon.** *Type immobilisé.* CAROLVS.V.IMPERATOR. Charles-Quint armé, debout à dr. ℟. DVCATVS.CIVIT.BISVNT.AD.LEG.IMP.1655. dans un cartouche carré. Demi-ducat. Or. TB. Rare.

401 **Saint Empire.** *Maximilien, Charles V et Ferdinand.* MAXI.I.CARO.V.ET FERD.D.G.ROM.CAES.REG.HISP. Leurs bustes accolés à dr. ℟. Double aigle portant l'écu d'Autriche. —Castille. Pièce de 5 ducats. Or. TB.

402 *Mathias* (1612-1619). + MATTHIAS.D : G : R : I : S. — AVG : G : HVN : BO : REX. Son buste lauré, fraisé et cuirassé à dr. ℟. Aigle bicéphale couronné, portant un grand écu entouré de la Toison d'Or ; au bas, petit écu d'Autriche. 10 ducats. Or. TB.

403 *Ferdinand III* (1637-1657). *FERDINANDVS : III : D : G : ROM-IM : SE : AV : GE : HV : BO : REX. Son buste lauré, drapé et cuirassé à dr.; dessous, 1652. ℟. Grand écu sur l'aigle impériale; au bas, petit écu de Bourgogne. 10 ducats. Or. TB.

404 — Mêm. lég. et buste varié. ℟. Même type ; au bas, petit écu d'Autriche, 1657. 10 ducats. Or. Extrêm. beau.

405 *Léopold II* (1790-1792). ℟. PIETATE.ET.CONCORDIA. Globe sur un sceptre et une épée en sautoir, sous une couronne. ℟. Inscription. 3/4 ducat du couronnement. Or. FDC.

406 **Bavière.** *Maximilien I* (1623-1651). MAX.CO : P : R : V : BA.D.S.R.I. ARCHID.ET.EL. Écu couronné au-dessus, 16-42. ℟. *O.MARIA.ORA. PRO.ME. L'Electeur agenouillé à g. devant la Vierge. Double ducat. Or. FDC.

407 *Maximilien Emmanuel* (1679-1726) *et Maria-Antonia d'Autriche.* A DEO PACIS BELLIQVE TEMPORE PERENNIS FELICITAS. Leurs bustes accolés à dr. ℟. + ITA VOVENTIBVS VTRIVSQUE BAVARIÆ STATIBVS DEVOTISSIMIS.

Écu entouré de quatre écus de villes. 5 ducats du mariage (1685). Or. Superbe pièce. FDC.

408 **Saxe.** *Jean Georges I* (1615-1656). CONFESS.LUTER : AUG : EXHIBITÆ : SECULUM. Son buste couronné à dr., dans le champ, 1630-25 Juny. IOH.GEOR. ℞. NOMEN-DOMINI-TURRIS-FORTISSIMA. Buste de Jean le Magnanime à dr., dans le champ, 1530-25 Juny. IOHANES. 10 ducats du Jubilé de la Réforme. Or. Très belle pièce.

409 *Jean Georges II* (1656-1680). L'Électeur à cheval à dr. ℞. Inscription. Ducat du Vicariat. Or. Extrêm. beau.

410 **Hildesheim.** *Charles V* (1528). CAROLVS.V.ROM.IMP.Q.FELICISS.ET TRIVMP. AVGV. Buste à dr. le corps presque de face, avec le chaperon en tête, et un vêtement à l'allemande. ℞. Écu de la ville chargé d'un casque et de lambrequins touffus. 5 ducats. Or. TB.

411 **Olmutz.** *Charles de Liechtenstein* (1664-1695). .CAROL'D : G.EPVS. OLOMVCENSIS.DVX.S.R.I.PCEPS. Son buste à dr. ℞. Grand écu entre une crosse et une épée. 5 ducats. Or. Très belle pièce.

412 **Salzbourg.** *Jean Charles Khuon de Belasy* (1560-1586). Écu écartelé. ℞. Saint Rupert debout, tenant une salière. Double ducat. Or. TB.

413 *Sigismond de Schrattembach* (1753-1771). Son buste à dr. Écu sous un chapeau de cardinal. Double ducat. Or. FDC.

414 **Ausbourg.** Vue de la ville ; au-dessus, CONF.A sur une banderolle tenue par deux anges ; au bas, pomme de pin sur un cartouche avec 1730. ℞. Inscription. Ducat du Jubilé de la Réforme. Or. FDC.

415 **Hongrie.** *Louis I* (1342-1382). ℞. Saint Jean-Baptiste. Florin. Or. TB.

416 — Écu de Hongrie et d'Anjou. ℞. Le précédent. Florin. Or. TB.

417 — Même droit, varié. ℞. Saint Ladislas. Ducat. Or. TB.

418 — Même droit. ℞. Variété du revers précédent. Ducat. Or. TB.

419 — Même droit. ℞. Autre variété. Ducat. Or. TB.

420 *Sigismond* (1387-1437). Écu de Hongrie et de Brandebourg. ℞. Saint Ladislas deb. Ducat. Or. TB.

421 *Ladilas Posthume* (1452-1457). Écu de Hongrie, Bohême, Tyrol et Autriche. ℞. Même type, entre K-G. Ducat. Or. TB.

422 *Ferdinand II* (1619-1637). FERDINANDVS II.D.G.R.I.S.A.G.H.BO.REX. L'Empereur couronné et armé debout à dr., entre les écus couronnés de Bohême et de Hongrie. ℞. Écu d'Autriche sur l'aigle impériale. 1623. 10 ducats. Or. Très belle pièce.

423 *Léopold I* (1657-1705). L'Empereur debout à dr. entre K-B. ℞. 1694. La Vierge et l'enfant Jésus. Ducat. Or. FDC.

424 *Marie-Thérèse* (1740-1780). Son buste à dr. ℞. 1771. La Vierge et l'Enfant. Ducat. Or. FDC.

425 **Transylvanie.** *Michel Apafi* (1662). MICHA.AFAFI.D.G.PR.TR. Son buste

armé à droite, coiffé du bonnet et tenant un sceptre appuyé sur l'épaule. ℞. Grand écu couronné; dessous, l'écu d'Hersmanstadt. 10 ducats. Or. TB.

426 **Rome**. *Pie II* (1458-1464) + PIVS.PAPA.SECVNDVS.D. Écu des Piccolomini. ℞. Saint Pierre debout. Sequin. Or. TB. Rare.

427 *Sixte IV* (1471-1484). SIXTVS.PP.QVARTVS. Écu des della Rovere. ℞. La barque du Pêcheur. Sequin. Or. TB.

428 *Innocent VIII* (1484-1492). INNOCENTIVS.PP.VIII. Écu des Cibo. ℞. Le précédent. Sequin. Or. FDC.

429 *Alexandre VI* (1492-1503). ALEXANDER.VI.PONT.MAX. Écu des Borgia. ℞. Le précédent Sequin. Or. FDC.

430 *Jules II* (1503-1513). IVLIVS.II.PONT.MAX. Écu des della Rovere. ℞. Le précédent. Sequin. Or. TB.

431 *Clément VII* (1523-1534). CLEMEN.VII.PONT.MAX. Écu des Médicis. ℞. Le précédent. Sequin. Or. Très beau. Rare.

432 **Bologne**. *Léon X* (1513-1521). BONONIA.DOCET. Lion debout à g. tenant une oriflamme. ℞. S.P.DE.BONONIA. Saint Pierre debout. Sequin. Or. TB.

433 **Naples**. *Charles-Quint* (1519-1554). CAROLVS.V.IMPERATOR. Écu posé sur l'aigle couronnée. ℞. Croix fleuronnée et cantonnée de deux K. Écu. Or. TB.

434 **Malte**. Emmanuel de Rohan (1775-1797). Son buste armé à dr. ℞. 1778. Écus de Malte et de Rohan sommés d'une couronne ; dessous, S. 20. Vingt écus. Or. TB.

435 **Espagne**. *Ferdinand et Isabelle* (1479-1504). +FERNANDVS : ET : HELISABET : D : G : REX : ET : REGIN. Leurs bustes couronnés affrontés. ℞. SVB : VMBRA : ALARVM TVARVM : PROTEGET NO. Écu, posé sur un aigle nimbé (Heiss. XX. 60). Double Excelente ou quadruple ducat. Or. TB. Rare.

436 **Brésil**. *Pedro I* (1822-1831). Son buste à g.; dessous, 1826. B. ℞. Écu couronné ; dessous, 4.000 (Reis). Or. FDC.

437 **Confédération Argentine**. *Rosas* (1835-1852). RESTAURADOR DE LAS LEYES. Son buste à g.; dessous, ROSAS. ℞. REPUB.ARGENT.CONFEDERADA. Armoiries et drapeaux. 1842. 2. E. Doblado. Or. FDC.

MACON, PROTAT FRÈRES, IMPRIMEURS.

MACON, PROTAT FRÈRES, IMPRIMEURS.

www.ingramcontent.com/pod-product-compliance
Ingram Content Group UK Ltd.
Pitfield, Milton Keynes, MK11 3LW, UK
UKHW032014260826
14628UKWH00005B/2499

9 782329 403762